AF258633

L'ALGÉRIE ET SES PRODUITS

1911

❁

SYNDICAT COMMERCIAL ALGÉRIEN

❁

ALGER
Imprimerie Fontana Frères et Cie

VINS
DES COTEAUX
DE L'HARRACH
MAISON-CARRÉE (Algérie)
COTEAUX DE L'HARRACH : SCÈNE DE VENDANGE
Voir
la
notice
page 30
DOMAINE D'OULID-ADDA : ANNEXE DES TROIS CAVES

Abdelkader ben Turqui & Cie

Maison fondée en 1870

4, Rue du Dauphiné et Rues de Rome et de Picardie
Bab-el-Oued - ALGER

Usine à Vapeur installée avec tous les perfectionnements modernes pour la fabrication des Tabacs, Cigares et Cigarettes

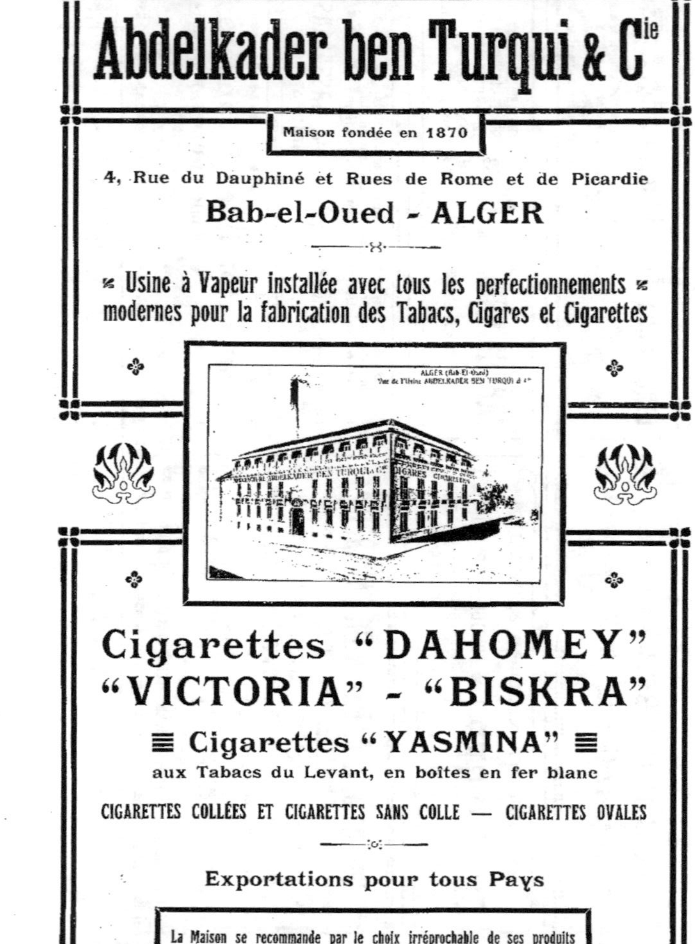

Cigarettes "DAHOMEY" "VICTORIA" - "BISKRA"

Cigarettes "YASMINA"

aux Tabacs du Levant, en boîtes en fer blanc

CIGARETTES COLLÉES ET CIGARETTES SANS COLLE — CIGARETTES OVALES

Exportations pour tous Pays

La Maison se recommande par le choix irréprochable de ses produits

COMPAGNIE ALGÉRIENNE

SOCIÉTÉ ANONYME

Capital : **25 millions de francs** entièrement versés

SIÈGE SOCIAL :

PARIS — 22, Rue Louis-le-Grand, 22 — PARIS

TÉLÉPHONE : 247-56

AGENCES :

En FRANCE : *Marseille, 53, Rue Saint-Ferréol.*

En ALGÉRIE : *Alger, Bône, Bougie, Constantine, Oran, Affreville, Aïn–Beïda, Aïn–Temouchent, Aumale, Batna, Blida, Boghari, Bordj–Bouïra, Bordj-bou-Arréridj, Bordj–Ménaïel, Boufarik, Coléa, Djidjelli, Guelma, Jemmapes, Khenchela, Maison-Carrée, Marengo, Mascara. Médéa, Mostaganem, Nemours, Orléansville, Philippeville, Relizane, Saïda, Saint–Arnaud, Saint-Denis-du-Sig, Sétif, Sidi–bel–Abbès, Souk–Ahras, Tiaret, Tlemcen, Vialar.*

En TUNISIE : *Tunis, Béja, Bizerte, Sfax, Sousse, Mateur, Gabès, Kairouan, Souk-el-Arba.*

Au MAROC : *Tanger, Casablanca, Saffi, Oudjda.*

OPÉRATIONS DE LA COMPAGNIE :

Dépôts de fonds à vue et à préavis — Bons à échéance — Prêts sur titres
Paiements de coupons — Opérations de Bourse — Garde de titres
Envois de fonds — Lettres de Crédit — Encaissements de tous effets

LOCATIONS DE COFFRES-FORTS

La Compagnie Algérienne met en vente des terrains à bâtir à Mustapha-Inférieur et à Mustapha-Supérieur.

Pour traiter, s'adresser à la Succursale d'ALGER, 1, Rue Dumont-d'Urville.

BILAN AU 31 DÉCEMBRE 1910

ACTIF

Caisses et Banques	Fr.	5.774.794 65
Effets en Portefeuille		151.002.485 07
Rentes, Actions et Obligations		673.349 35
Avances garanties		28.550.298 28
Comptes Courants et Correspondants		30.992.523 84
Acquéreurs d'immeubles		374.700 49
Immeubles urbains		5.186.449 36
Immeubles ruraux		4.717.752 41
Divers		7.525.997 88
Total	**Fr.**	**234.798.351 33**

PASSIF

Capital	Fr.	25.000.000 »
Réserves : Statutaire... Fr. 2.336.622 77 / Extraordinaire.. 6.000.000 »		8.336.622 77
Provision pour amortissements et risques en cours.		1.171.604 63
Comptes de dépôts		131.862.056 05
Bons à échéance		31.555.500 »
Comptes Courants et Correspondants		12.644.530 53
Effets à payer		3.069.835 03
Divers		11.713.589 99
Caisse de Prévoyance du Personnel		1.634.256 08
Dividendes à payer		39.541 31
Comptes d'ordre		2.127.777 08
Profits et Pertes. Report des Exercices antérieurs.		1.977.985 16
Profits et Pertes. Exercice 1910		3.668.052 70
Total	**Fr.**	**234.798.351 33**

MANUFACTURES
DE TABACS CIGARES & CIGARETTES
PARIS
PARIS
TRADE
MARK
MARQUE DEPOSEE
1889
1900
J·BASTOS
Fournisseur des Régies Française & Tunisienne
Marocaine & de la Régie Co-Intéressée des Tabacs de l'Empire Ethiopien
·ORAN·

AVANT-PROPOS

La faveur avec laquelle ont été accueillies les premières monographies éditées à l'occasion des expositions de Londres et de Bruxelles, ont engagé le Syndicat Commercial à faire une nouvelle brochure destinée à être distribuée à l'Exposition de Roubaix et du Nord de la France, ainsi qu'aux Expositions de Rome et de Turin.

Le Syndicat Commercial a condensé, tout en les donnant aussi complets que possible, les renseignements généraux qu'il a pu recueillir auprès des exportateurs algériens et de la Chambre de Commerce d'Alger dont le concours lui a été des plus précieux en la circonstance. Les documents statistiques fournis par les services de la Douane et du Gouvernement Général de l'Algérie qui font suite à ces renseignements, seront utilement consultés par les personnes qui auront cette brochure entre les mains.

L'extension des relations existant déjà entre l'Algérie, la France et l'Étranger, favorisée par le grand nombre des Compagnies de Navigation qui desservent les ports de l'Algérie, présentant un réel intérêt pour le Commerce et l'Industrie de notre Colonie Nord-Africaine, le Syndicat Commercial espère que cette brochure obtiendra le succès des précédentes.

Il reste à la disposition de toutes les personnes désireuses d'entrer en relations avec lui et leur donnera tous les renseignements qu'elles pourraient désirer.

LE SYNDICAT COMMERCIAL ALGÉRIEN.

ALGER : LE PALAIS CONSULAIRE

SYNDICAT COMMERCIAL ALGÉRIEN

SIÈGE : PALAIS CONSULAIRE - ALGER

BUREAU DU SYNDICAT :

Président : M. J. TARTING, Ingénieur, Entrepreneur de Travaux Publics, Membre de la Chambre de Commerce d'Alger.

Vice-Présidents : MM. AUBERT. Ancien Transitaire, Diplômé de l'École des Hautes Etudes Commerciales, Conseiller du Commerce extérieur de la France.

P. FONTANA, Directeur du *Journal Général.*

Secrétaire général : F. POULALION, Négociant en Vins.
Trésorier : J. LAVANCHY, Quincaillier, Juge au Tribunal de Commerce.
Bibliothécaire : E. LAROZE.
Secrétaire adjoint : A. BERTHOUD.

Fondé en 1892, pour la Défense et le Développement du Commerce et de l'Industrie, le Syndicat Commercial Algérien est composé des principaux commerçants, industriels, ingénieurs et entrepreneurs algériens, unis pour étudier en commun les questions intéressant l'avenir de l'Algérie.

Le Syndicat Commercial comprend les groupes professionnels ci-après :

1er Groupe : CÉRÉALES.
2e Groupe : INDUSTRIES DIVERSES.
3e Groupe : LIQUEURS ET SPIRITUEUX.
4e Groupe : TRANSPORTS.
5e Groupe : ALIMENTATION ET COMMERCE DE DÉTAIL.
6e Groupe : REPRÉSENTANTS ET VOYAGEURS DE COMMERCE.
7e Groupe : MINOTERIE-SEMOULERIE.
8e Groupe : VINS.
9e Groupe : LAINES, PEAUX.
10e Groupe : GÉNIE CIVIL.
11e Groupe : ENTREPRENEURS.
12e Groupe : LIMONADIERS. RESTAURATEURS.
13e Groupe : NÉGOCIANTS EN DENRÉES COLONIALES EN GROS.
14e Groupe : IMPRIMEURS.
15e Groupe : BOIS ET MATÉRIAUX DE CONSTRUCTION.
16e Groupe : QUINCAILLIERS, MAITRES DE FORGES.
17e Groupe : ASSUREURS.
18e Groupe : EXPÉDITEURS DE PRIMEURS.
19e Groupe : BOULANGERS.
20e Groupe : FINANCES.
21e Groupe : PATES ALIMENTAIRES.
22e Groupe : DROGUISTES.
23e Groupe : IMPORTATEURS ET EXPORTATEURS DE BESTIAUX
24e Groupe : TRANSITAIRES.

La Direction de chacun des groupes désignés ci-dessus est assurée par un bureau composé d'un Président, d'un Vice-Président, d'un Secrétaire et d'un Trésorier.

Le Secrétariat du Syndicat Commercial est à la disposition de toutes les personnes désireuses d'étendre leurs relations commerciales en Algérie. Il leur donnera, à ce sujet, tous les renseignements qui pourraient leur être utiles.

COMITÉ DE CONSULTATIONS JURIDIQUES :

MM^{es} ESCHIVA, Bâtonnier de l'Ordre des Avocats.
BASSET, Avocat à la Cour d'Appel d'Alger.
FABIANI,   id.
FOISSIN,   id.

MM^{es} PÉRINGUEY, Avocat à la Cour d'Appel d'Alger.
THIBAUT,   id.
TREILLE,   id.

LE DÉVELOPPEMENT COMMERCIAL DE L'ALGÉRIE

(1830-1910)

A l'époque de l'expédition de 1830, la majeure partie du territoire de la Régence était considérée comme nulle à l'agriculture. En effet, avant cette époque, on ne labourait même pas les champs et l'olivier, véritable arbre du pays, n'était pas greffé.

Dans les forêts, les essences dominantes étaient l'olivier sauvage, le lentisque, le chêne-liège et le chêne vert. On y rencontrait aussi quelques pins d'une très grande beauté, ainsi que des ormes, des frènes et des aulnes. De nombreux champs étaient couverts d'alfa, et des palmiers, dans plusieurs centres, donnaient une culture intensive.

Mais, dès la venue des premiers colons, la culture française sut prendre le dessus et les plantations de toutes espèces se multiplièrent ; la plupart des légumes d'Europe furent acclimatés et la douceur de la température, sous un ciel radieux, fit que l'Algérie, au cœur de l'hiver, récolta des primeurs que l'on obtenait dans la Métropole qu'avec de nombreux soins et de très grands frais.

Puis, les céréales absorbèrent la moitié des terres cultivées ; une végétation puissante créa des prairies naturelles et la vigne fut plantée sur presque tous les points de l'Algérie.

C'est en 1831 que commencèrent les premières déclarations en douane ; elles étaient les suivantes : Importations, 6,504,000 francs ; Exportations, 1,479,600 francs, d'où un chiffre global de 7,983.600 francs. En 1835, leur valeur totale montait à 19,376,605 francs,

soit plus du double en quatre ans. Dans l'ensemble, cette augmentation était due à diverses causes : 1° à l'accroissement de la population civile française et étrangère ; 2° au développement des constructions, des établissements industriels, à l'agriculture et à une plus grande consommation des produits européens par les Arabes.

Les laines, les huiles, le corail, les vins, les peaux formaient la majeure partie des exportations à destination de la France et de l'Étranger.

L'Algérie, et principalement Alger, avait déjà des relations avec tous les peuples de la Méditerranée, mais surtout avec Naples et la Sardaigne ; Oran expédiait plutôt sur Gibraltar, Carthagène et les Baléares ; Bône et Bougie correspondaient avec Naples, Livourne et Malte.

En 1840, le mouvement commercial de l'Algérie se chiffrait comme suit : Importations, 57,334,757 francs ; Exportations, 3.788,834 francs, soit au total 61,123,571 francs.

En 1850, les apports du dehors, tant de la France que des pays étrangers, lesquels s'élevaient à 72,692,782 francs, constituaient principalement le commerce de l'Algérie, puis venaient ensuite les exportations pour la Métropole et l'Étranger pour une valeur de 10,268,383 francs. Jusque là l'Algérie n'avait vécu que d'une vie d'absorption, puisqu'elle tirait forcément du dehors tout ce qu'elle consommait ; c'est à partir de cette époque qu'elle a commencé à vivre d'une vie de concentration sur elle-même en s'appliquant à pourvoir, par la mise en culture des terres et par l'utilisation des produits sur place, à l'alimentation de ses habitants.

Le commerce général de l'Algérie obtient alors, on 1860, pour les importations, une valeur officielle de 109,457,453 francs et, pour les exportations, 47,785,982 francs.

En 1870, les importations s'élèvent à 172,690,713 francs ; en 1880, à 303,434,641 francs ; en 1890, à 272,947,618 francs, et, en 1900, à 323,818,325 francs.

A partir de 1870, le commerce des exportations prend un essor subit et considérable : de 124,456,249 francs, il passe, en 1880, à 168,835,136 francs ; puis, de 1887 à 1890, il se tient au-dessus de 200 millions de francs pour atteindre, en 1900, le chiffre de 242,317,000 francs.

Enfin, la valeur des échanges commerciaux de l'Algérie avec la Métropole et les pays étrangers s'élève, pour 1910, à la somme totale de 1 milliard 72 millions. Ce chiffre n'avait pas encore été atteint ; il dépasse de 230 millions la valeur réalisée pendant la période la plus favorisée des précédents exercices ; il représente presque le double de la valeur totale du trafic constaté en 1900. Cette augmentation se repartit sur toutes les branches du trafic ; elle a pour causes principales une campagne satisfaisante en céréales et une récolte vinicole abondante et rémunératrice.

**

L'Algérie prend aujourd'hui sa large place dans le mouvement comparatif des échanges commerciaux. Dans le résumé analytique du commerce extérieur de la France avec les pays étrangers, elle occupe le quatrième rang, suivant de près la Belgique et les États-Unis, avant la Suisse, l'Italie et l'Espagne. Elle est aussi l'une des principales clientes de la Métropole, à qui elle ouvre des débouchés chaque jour plus importants.

Ses principaux produits d'exportations sont : l'alfa, le crin végétal, les céréales, les vins, les peaux, les lièges, les huiles, les minerais, les phosphates, les cotons, etc..., dont on trouvera les monographies dans cette brochure.

ALGER

LE PORT

Description.

La baie d'Alger présente la forme d'un croissant dont les pointes sont placées à l'Est et à l'Ouest et dont la concavité regarde le Nord ; elle a 9 et 10 milles d'ouverture sur 4 milles de profondeur et est couverte à l'Ouest par le cap Caxine, au Sud par les terres, à l'Est par le cap Matifou.

Le port d'Alger est constitué par deux jetées : la première, dite jetée Nord, enracinée sur l'îlot de la Marine, se dirige vers l'Est en décrivant une courbe ; elle mesure 883 mètres de longueur.

La deuxième, dite jetée Sud, est formée de deux branches, l'une de 300 mètres de longueur, perpendiculaire au quai de rive, l'autre de 900 mètres, formant avec la première branche un angle légèrement obtus.

L'étendue de la nappe d'eau protégée par ces jetées est de 90 hectares environ. La passe principale d'entrée, située entre les jetées Nord et Sud, a 171 mètres de largeur ; elle est signalée par deux feux fixes, l'un rouge,

ALGER : UNE VUE DU PORT

Cliché A. Berthoud.

l'autre vert. Une passe de 73 mètres de largeur et de 10 mètres de profondeur fait communiquer le port avec l'arrière-port actuellement en voie d'achèvement.

Les plus grands navires peuvent évoluer dans la partie Sud du port où, sauf sur un point creusé jusqu'à six mètres dans le voisinage immédiat des quais, la profondeur est toujours suffisante.

La darse a peu de profondeur et peu de largeur; elle est occupée par les bateaux de pêche et les torpilleurs.

On compte actuellement 2,640 mètres de quais réellement utilisables, dont 1,495 mètres dans le port et 1,145 mètres dans l'arrière-port de l'Agha.

Si l'on considère qu'une certaine quantité de charbon est reçue directement des navires charbonniers par les chalands et livrée aux relâcheurs sans utiliser les quais et si l'on défalque cette quantité — qui peut être évaluée à 600,000 tonnes — du tonnage total des marchandises embarquées et débarquées (3,213,083 tonnes en 1910), le trafic par mètre linéaire de quai ressort à 980 tonnes environ. Ce chiffre est de beaucoup supérieur au coefficient d'encombrement de la plupart des grands ports.

Les terre-pleins du port ont, depuis la construction du môle Al-Djefna, une superficie de 21 hectares et sont occupés par les Services publics, les Compagnies de navigation, les Hangars-Abris de la Chambre de Commerce et les dépôts des marchandises de transit.

La superficie des terrains conquis sur la mer par la construction de l'arrière-port est de 18 hectares, qui servent au dépôt et à la manutention des marchandises débarquées et embarquées, ou pour des installations privées ayant un caractère maritime.

Travaux d'agrandissement.

Après la prise d'Alger, on dut songer à réparer tous les ouvrages du port qui étaient en mauvais état; le Service des Ponts et Chaussées se mit immédiatement à l'œuvre. En même temps, l'Administration étudiait l'aménagement du grand port nécessaire à la capitale de notre nouvelle possession. Toutefois, en raison de l'urgence, des travaux partiels furent entrepris pendant les études; celles-ci durèrent d'ailleurs longtemps, et ce ne fut qu'en 1848 que le projet du port fut approuvé et que les travaux purent être poussés activement.

En 1870, le port présentait une enceinte de jetées avec deux passes, dont l'une se trouvait dans la branche du large de la jetée Sud, des quais allant du Nord du port jusqu'au Sud de la Gare, deux formes de radoub et un ouvrage ébauché, première partie du prolongement de la jetée du Nord. Une gare à voyageurs, des voies de quai pour les marchandises existaient sur le terre-plein. Des voûtes, derrière les terre-pleins, servaient de magasins. Cinq grues facilitaient le débarquement des marchandises lourdes. Il y eut alors un temps d'arrêt.

En 1879, les travaux de premier établissement furent repris, et, en 1885, le port se trouva doté de nouveaux quais allant du Sud de la Gare aux cales de carénage et de trois cales de carénage contiguës entre ces quais et les formes de radoub. Pendant la même période (1879-1885), la passe de la branche du large de la jetée Sud fut fermée et le prolongement de la jetée Nord fut continué, mais non achevé. Il ne fut plus exécuté d'autres travaux jusqu'en 1892. En 1890, l'ensemble des travaux du port avait entraîné une dépense totale de 46,265,000 francs.

De 1892 à 1901, la jetée Sud a reçu un prolongement de 100 mètres, rétrécissant la grande passe et atténuant le ressac; une passe de 70 mètres de large et de 6 mètres de profondeur a été ouverte dans la branche d'enracinement de la jetée Sud pour faire communiquer le port avec la baie de l'Agha; la jetée Nord a été élargie sur 200 mètres de longueur; le prolongement de cette jetée a été terminé. Les extrémités des jetées ont été signalées par des bouées lumineuses. Tout le couronnement de la jetée Nord a été reconstruit suivant un profil nouveau; les fonds rocheux situés au Nord des hangars de la Chambre de Commerce ont été approfondis. Les dépenses, pour ces travaux exécutés par l'État, se sont élevées à 1,980,000 francs.

Dans la même période, la Chambre de Commerce reçut, par décret

ALGER : LES HANGARS-ABRIS DE LA CHAMBRE DE COMMERCE — Cliché A. Berthoud.

du 5 juin 1894, la concession de l'outillage du port, consistant en grues et en hangars-abris.

Un projet de rétrécissement de la passe d'entrée fut déclaré d'utilité publique par décret du 4 août 1902. Ce projet comprenait un allongement de 30 mètres de la jetée Sud et un éperon de 22 mètres enraciné au musoir Nord réduisant à 175 mètres la nouvelle largeur de la passe ; les travaux ont été terminés en 1904. La passe Sud a été approfondie à la cote (— 10.00) en 1906.

Le môle reliant l'îlot Al-Djefna à la terre est aujourd'hui achevé ; il a été exécuté en même temps que le comblement des anciens bassins de la Douane. La dépense totale occasionnée par ces travaux, 810,000 francs, a été couverte par un subside de la Chambre de Commerce.

Des travaux d'amélioration du port, comprenant le revêtement intérieur de la jetée Nord pour la rendre impénétrable et le dérasement de la « Roche sans nom » vont être exécutés incessamment.

Les travaux de construction de l'arrière-port de l'Agha, commencés en 1898, et terminés, pour le gros œuvre, vers la fin de l'année 1904, ont été exécutés au moyen de fonds provenant d'un emprunt de la Chambre de Commerce qui, en compensation, a reçu la concession, pour 75 ans, des terre-pleins gagnés sur la mer. Ces terre-pleins sont desservis par un réseau de voies de quai installées par la Compagnie P.-L.-M. et la Société des Chemins de Fer sur Routes d'Algérie.

Une loi en date du 19 juillet 1905 a déclaré d'utilité publique les travaux d'achèvement du bassin ainsi formé. Ces travaux, qui sont sur le point d'être terminés, comprennent :

1° Une grande jetée de 600 mètres de longueur, enracinée au fort du coude, point d'intersection des deux branches de la jetée Sud du port.

2° Un grand môle de 530 mètres de longueur, relié à la nouvelle jetée par deux jetées secondaires laissant entre elles une passe de 100 mètres de largeur. Cette passe est couverte par une jetée avancée de 200 mètres de longueur qui protège en même temps le quai extérieur du grand môle.

La dépense prévue est de 8,200,000 francs, dont 5,800,000 à verser par la Colonie et 2,400,000 par la Chambre de Commerce.

Le nouveau bassin formé par les jetées et le grand môle a une superficie de 35 hectares environ. Le petit môle de l'Agha ou môle à minerais, situé au milieu de ce bassin, étant devenu insuffisant par suite de l'extension croissante des exploitations minières de la région sa longueur a été portée de 200 à 300 mètres.

On exécute en ce moment dans l'arrière-port un môle de 100 mètres de largeur, dit môle Amiral-Mouchez, accolé à la jetée Sud, et un avancement des quais de rive entre ce môle et le petit môle de l'Agha, sur 31 mètres de largeur. Le môle Amiral-Mouchez sera complété par un quai Nord dont la construction pourra être rattachée aux travaux actuels.

Enfin, on étudie la création d'un nouveau bassin au Sud de l'arrière-port. Le groupe des travaux envisagés constituerait la troisième étape de la création du nouveau port. Une superficie d'environ 50 hectares de terre-pleins serait conquise sur la mer, dans la partie comprise entre le grand môle en construction et le Jardin-d'Essai. La nappe d'eau du nouveau bassin aurait également une étendue de 50 hectares.

Dans ces grandes lignes, l'avant-projet comprendrait la construction de deux môles semblables, de dimensions sensiblement égales à celles des deux môles de l'arrière-port; de deux formes de radoub, dont l'une pourrait atteindre 300 mètres de longueur et d'une cale sèche. Le bassin serait fermé par une jetée prolongeant en ligne brisée la jetée de l'Agha. Une passe de 125 mètres, orientée comme la passe principale du vieux port, permettrait un accès sûr aux bassins de l'arrière-port.

L'emplacement nécessaire à la zone franche dont la Chambre de Commerce préconise depuis longtemps la création, pourrait aisément être pris sur les futurs terrains à conquérir sur la mer.

Outillage.

L'outillage du port comprend six grues fixes, dont une de la force de

21 tonnes, deux de 5 tonnes, deux de 1,500 kilos et une de 1,000 kilos, un ponton-grue à vapeur de la force de 40 tonnes, trois pontons grues de 36, 20 et 10 tonnes. Cet outillage est aujourd'hui insuffisant ; la Chambre de Commerce poursuit en ce moment la réalisation d'un projet d'établissement, dans le port et l'arrière-port, de quatre grues électriques à portique mobile sur rails, deux de 3 tonnes et deux de 1 tonne 500.

Par rétrocession de la Chambre de Commerce, la « Société d'Embarquements » a installé, en 1905, sur le quai nord du môle de l'Agha, pour le chargement des minerais, un titan transbordeur et une grue à portique actionnée par l'électricité (Voir page 51) !

Le port d'Alger possède 463 chalands pour l'embarquement et le débarquement des marchandises, 30 remorqueurs et 2 bateaux-citernes.

Sur les quais Sud, des hangars concédés à la Chambre de Commerce sont en service depuis 1896 et couvrent une superficie de 3,600 mètres carrés. De nouveaux hangars, d'une superficie de 3,300 mètres carrés ont été mis en service en août 1907. Enfin, le port d'Alger possède deux formes de radoub mesurant respectivement 138 mètres et 68 mètres. Les navires de commerce remboursent les frais réels de leur passage en forme et ne paient aucune taxe. L'usage des cales sèches est gratuit.

Pour faciliter l'évolution et la mise en place des grands navires, la Chambre de Commerce étudie en ce moment les moyens de doter le port d'un remorqueur puissant qui aidera le travail des pilotes et deviendra, en cas de besoin, un bateau de sauvetage.

Mouvement maritime et commercial.

Par sa situation géographique incomparable, le port d'Alger voit son importance augmenter journellement. Au point de vue du tonnage de jauge, il occupe le deuxième rang parmi les ports de France avec un tonnage de 15,848,482 en 1910 ; *pour l'effectif des marchandises*, il dépasse maintenant le port du Havre et se classe au quatrième rang parmi les ports français avec 3,213,083 tonnes en 1910.

Placé en un point central sur la grande route méditerranéenne, à égale distance du Nord de l'Europe et du canal de Suez, le port d'Alger a été choisi depuis longtemps comme point de ravitaillement et de relâche par les nombreuses compagnies de navigation qui desservent les stations du Levant et de l'Extrême-Orient.

En 1855, le nombre des navires qui fréquentaient le port d'Alger s'élevait,

ALGER : LA GRANDE FORME DE RADOUB

dans l'ensemble, à 3,355 avec un tonnage de 369,622 tonnes ; il passait, dix ans plus tard, à 3,752 avec un tonnage de 456,340 tonnes pour atteindre successivement les chiffres suivants :

	NAVIRES	TONNAGE
En 1875	3.332	771.406
1885	4.474	1.773 570
1895	7.183	6.486.934
1905	10.579	11.302.905
1910	11.956	15.848.487

Dans ce total de navires fréquentant le port, on voit figurer les pavillons de toutes nationalités : ce sont, en 1909, d'abord des navires français (5,718), puis des anglais (1,693), des allemands (653), des espagnols (345), des italiens (242), des hollandais (226), des autrichiens (203), puis des norvégiens, des belges, des grecs, des suédois, des roumains, des russes, etc...

Bien que très connus des armateurs, les avantages d'Alger, comme station de charbonnage, ne sauraient être assez mis en relief ; par sa situation exceptionnelle, par la rapidité et la facilité avec lesquelles s'y effectuent les opérations de ravitaillement des navires, le port d'Alger peut avantageusement concurrencer les ports rivaux de Malte et de Gibraltar, aussi le mouvement des navires relâcheurs y a-t-il pris depuis quelques années une grande extension.

Des dépôts de charbon, dont l'importance varie de 30 à 35,000 tonnes, sont constitués sur les quais, et des chalands chargés sont tenus à la disposition des navires jour et nuit et les accostent dès qu'ils sont mouillés. L'étendue de la nappe d'eau rend commodes et rapides les opérations d'amarrage et les manœuvres d'entrée et de sortie. La mise en soute des charbons s'opère avec célérité. Trois entrepôts fictifs fournissent aux navires, en franchise de droits de douane, des huiles lourdes pour le graissage des machines. Des bateaux-citernes assurent le ravitaillement en eau douce et des maisons d'Alger s'occupent, dans les meilleures conditions, de la fourniture des vivres frais.

Le nombre des relâcheurs était de 258 en 1890 ; en 1910, on en a compté 2,074 avec un tonnage de 4,230,888 tonnes. Le trafic total du charbon a été le suivant :

Entrée	775.482 tonnes
Sortie	611.341 —

De nombreuses Compagnies de navigation, françaises et étrangères, desservent régulièrement le port d'Alger et le mettent en communication constante avec les ports de la côte algérienne et tunisienne, de la Métropole, des Colonies françaises et de l'Étranger.

En 1909, le nombre de navires affectés aux principales lignes de navigation a été, pour les Compagnies françaises, de 122, avec un tonnage de 116,478 tonnes, et, pour les Compagnies étrangères, de 109, avec un tonnage de 402,066 tonnes. Le nombre de voyages et de passagers s'est réparti de la façon suivante :

	VOYAGES	PASSAGERS
Compagnies françaises	2.241	125.705
Compagnies étrangères	508	19.572
Total	2.749	145.277

Il est d'autre part intéressant de mentionner qu'avec son délicieux climat, le pittoresque de sa ville arabe et l'incomparable beauté de son cadre, Alger tend à devenir de plus en plus un point d'escale pour les paquebots touristes. En 1909, le port d'Alger a figuré sur l'itinéraire de 24 paquebots touristes, la plupart anglais et allemands, transportant 5,004 excursionnistes. En dehors de ces voyages d'agrément, la Société « Norddeutscher Lloyd », de Brême, a donné un essor remarquable au mouvement des passagers en décidant, depuis 1906 l'arrêt régulier à Alger de ses paquebots de la ligne Brême-Gênes-Yokohama ; ce service est assuré par 16 navires d'une jauge totale de 85,419 tonneaux qui, dans leurs escales, ont embarqué ou débarqué 3,354 voyageurs. Depuis quelque temps, la même Compagnie a établi un nouveau service New-York-Alger-Gênes-Naples et retour en y

LE « CHARLES-ROUX » DANS LE PORT D'ALGER

Cliché A. Berthoud

affectant 7 navires d'une jauge totale de 52,191 tonneaux qui ont embarqué ou débarqué 702 passagers.

A ce mouvement important il convient d'ajouter celui auquel ont donné lieu, depuis le second semestre de 1909, les 8 navires de la « Nederland-Line », jaugeant 24,985 tonnes, et affectés au service Amsterdam-Tanger-Alger-Gènes-Java et vice-versa.

D'autres paquebots étrangers, ceux des Compagnies « Deutsche-Levante-Linie », « Hambourg-América Linie », « R.M. Ileman », « A. de Freitas », de Hambourg; « Moss », de Liverpool; « White Star Line », « West Hartlepool », « Nelson Line », « Papayanni », « Austro-Amérikana », « Sitgès-Hermanos », « Isleño-Maritima », « Italo-Espagnole », « Ruis et Torrès », de Barcelone; « Adria », de Fiume, etc... visitent le port d'Alger d'une façon régulière.

Enfin, Alger possède une flotte déjà importante qui comprend 342 unités, dont 64 vapeurs et 278 voiliers d'un tonnage d'ensemble de 19,402 tonneaux.

Depuis la conquête, toutes les branches de l'activité commerciale du port d'Alger ont accusé une progression constante. En 1831, les valeurs déclarées en douane étaient les suivantes : *Importations :* 2,926,800 francs ; *Exportations :* 739,800 francs, soit 3,766,600 francs au total. En 1840, le mouvement commercial s'établissait comme suit : *Importations :* 37,470,381 francs ; *Exportations :* 1,789,912 francs, représentant 39,260,293 francs; cette augmentation sensible des importations était due principalement à l'accroissement de la population civile et au progrès général de la colonisation du département; quant aux exportations, elles offraient, comme on le voit, dans un délai de dix ans, une plus-value de 1,050,112 francs, qui se partagent entre les produits naturels du pays et ceux de réexportation.

En 1850, les importations atteignaient 32,465,605 francs et les exportations 3,464,996 francs. Dès cette époque, la part principale des importations algériennes est acquise à Alger, en raison de sa situation politique et commerciale, de l'importance de sa population et de celle de la province dont elle est le chef-lieu. Pour ce qui est des exportations, elles avaient presque doublé depuis 1840, par suite des demandes successives de la Métropole et de l'Étranger.

En 1860, les exportations passaient à 44,833,775 francs et portaient principalement sur les cafés, les bois bruts et sciés, les matériaux, la poterie, les tissus, les ouvrages en peaux et la mercerie ; la valeur des exportations atteignait 17,680,815 francs avec une forte augmentation sur les animaux vivants, les peaux brutes, les soies, le liège brut et le coton.

Dès 1870, les relations commerciales du port d'Alger avec la France et les nations étrangères présentent une grande activité ; à l'importation, qui atteint le total de 65,386,165 francs, figurent un grand nombre de produits, notamment les sucres, les cafés, les tabacs en feuilles, les tissus, la houille, la fonte, les fers et aciers; d'autre part, le développement des exportations qui s'élèvent à 33,677,861 francs atteste déjà l'état prospère du département et les précieuses ressources qu'il offrait à la colonisation. L'augmentation qu'accuse le chiffre des exportations s'étend aux divers éléments de la production agricole et industrielle de la province d'Alger : céréales, tabacs, huiles d'olive, lièges, laines, peaux, crin végétal, alfa, vins, etc...

Mais c'est réellement depuis 1880 que le mouvement commercial du port d'Alger se traduit par des chiffres significatifs. A cette époque, en effet, les importations s'élèvent à 101,705,414 francs pour atteindre 113,144,573 francs en 1890 et 141,241,880 francs en 1900. Les exportations prennent également un essor considérable : de 45,934,291 francs, elles passent, en 1890, à 74,260,350 francs et atteignent, en 1900, 83,810,950 francs.

Pendant l'année 1909, la valeur des marchandises ayant alimenté le mouvement commercial du département d'Alger s'est élevée à 326,354,000 francs (209,112,000 francs à l'importation et 117,242,000 francs à l'exportation), soit une augmentation de 3,530,000 francs sur 1908.

La progression du trafic du port d'Alger, de 1880 à nos jours, apparaît d'une façon frappante dans le tableau suivant :

ALGER : L'ARRIÈRE-PORT DE L'AGHA

Cliché A. B.

	ENTRÉES		SORTIES	
1880..........	183.811	tonnes	111.702	tonnes
1885..........	243.248	—	128.225	—
1890..........	361.914	—	258.541	—
1895..........	545.031	—	542.407	—
1900..........	737.074	—	590.361	—
1905..........	1.122.121	—	1.147.383	—
1910..........	1.396.314	—	1.816.769	—

Ainsi, depuis 30 ans, le trafic du port d'Alger a décuplé. Les importations comprennent les bois, la houille, les matériaux de construction, les meubles, les machines, les outils et ouvrages en métaux, les papiers, les tissus, les produits chimiques, les boissons, etc. Dans les exportations figurent les vins, les bestiaux, les peaux, les laines, le liège, les tabacs, le crin végétal, l'alfa. les fruits et primeurs, l'huile d'olive, la houille, les minerais de fer et de zinc, etc.

**

Conclusions.

Nous ne saurions mieux conclure que par quelques lignes parues récemment dans l'*Afrique française*, sous la plume autorisée de M. Victor Demoutès, à l'occasion de la publication des statistiques douanières faisant connaître le trafic des ports algériens pour 1910. Après avoir constaté le remarquable développement du port d'Oran, M. Demoutès écrivait :

« Plus rapides encore sont les progrès d'Alger, à la fois port de commerce, port de relâche et port de tourisme. C'est 11,957 navires qui, en 1910, ont commercé ou relâché dans ce port, au lieu de 11,518 en 1909 ; c'est un tonnage de 15,848,487 tonnes au lieu de 14,252,637 ; c'est donc un gain de 1,600,000 tonnes Sont-elles nombreuses en Europe ou en Amérique, les cités maritimes qui peuvent avec orgueil enregistrer de semblables progrès ? Cela me rappelle le mot d'un touriste, avec lequel je faisais le voyage de Gibraltar sur un des grands paquebots allemands : « Alger est le plus beau port « de la Méditerranée, demain, il en sera le plus important ». Cette prophétie pourrait bien se réaliser avant peu.

PORT D'ALGER

TABLEAU comparatif des principales marchandises importées et exportées pendant les années 1899 à 1910

COMMERCE GÉNÉRAL

DÉSIGNATION DES MARCHANDISES	UNITÉS	1899	1900	1901	1902	1903	1904	1905	1906	1907	1908	1909	1910
IMPORTATIONS													
Bois de construction	tonnes.	26.645	27.576	18.847	18.430	19.820	30.004	32.243	21.851	29.935	29.941	22.731	28.858
Cafés	—	2.045	1.703	2.043	2.246	2.736	2.298	2.082	2.676	2.594	2.645	2.498	2.922
Céréales (grains)	—	499	919	138	1.233	3.565	3.872	23.771	10.325	407	940	3.264	1.597
— (farines)	—	7.402	5.886	6.712	2.833	3.543	1.826	2.213	3.759	1.366	3.024	3.819	2.545
Fûts vides	—	31.557	30.261	23.535	36.604	51.900	51.866	53.382	51.491	62.791	68.415	67.584	81.209
Houille	—	359.726	420.665	360.482	371.753	467.975	422.958	506.971	702.262	706.757	713.928	726.588	775.482
Huiles fixes d'olive	—	88	58	38	37	236	28	10	17	173	48	84	27
— autres	—	3.122	3.140	3.464	2.752	3.748	3.395	3.584	3.435	4.206	3.468	5.546	4.406
Matériaux de construction	—	55.793	51.317	47.051	40.326	56.036	65.558	65.670	53.400	61.686	74.737	61.546	68.459
Pétrole	—	2.913	3.056	4.358	3.120	3.987	6.045	5.992	7.813	7.907	7.578	7.176	7.073
Pommes de terre	—	10.606	9.931	12.338	13.432	13.113	14.046	15.054	10.874	15.645	15.048	17.520	15.168
Savons	—	4.449	4.924	4.648	3.984	4.433	4.990	4.863	4.471	4.375	4.923	4.464	4.642
Soufres	—	13.345	12.086	13.925	14.768	13.861	16.088	10.179	16.161	10.014	10.090	13.476	16.206
Sucres bruts, raffinés	—	6.624	6.511	6.522	7.103	7.698	7.459	8.551	9.235	9.463	10.072	10.320	10.753
Tissus	—	8.767	7.980	8.171	8.710	8.831	9.643	9.029	8.600	9.773	9.034	7.532	7.926
Animaux vivants. Bœufs, vaches	têtes.	524	1.599	913	666	843	1.937	1.334	1.725	1.170	933	857	924
Chevaux, juments	—	226	142	96	141	184	357	177	305	213	385	372	504
Mulets	—	384	343	170	97	126	239	216	492	170	438	112	670
EXPORTATIONS													
Citrons, oranges, mandarines	tonnes.	1.117	2.882	3.494	4.900	7.438	3.910	5.466	6.020	4.294	7.739	7.306	11.734
Raisins frais	—	4.470	3.590	2.147	3.501	4.459	4.117	5.626	6.283	7.162	9.230	8.790	8.627
Autres fruits frais	—	2.035	1.420	815	714	366	431	206	306	353	206	484	1.335
Crin végétal	—	11.295	11.895	10.789	13.417	16.740	13.242	18.026	17.532	17.088	17.500	18.831	20.268
Alfa	—	925	921	888	957	1.906	1.284	1.059	1.480	1.873	3.184	3.294	3.285
Houille (*fournitures aux navires*)	—	269.443	292.635	234.218	297.421	455.838	320.455	519.027	542.020	629.171	585.834	563.271	614.341
Huiles fixes d'olive	—	1.838	2.120	1.378	2.053	620	2.613	3.073	4.012	832	4.944	582	3.616
Laines en masse	—	1.742	1.221	690	954	1.666	2.549	4.412	3.768	4.020	1.751	3.737	3.366
Légumes frais	—	3.724	4.750	4.261	7.876	7.045	4.398	6.912	7.400	9.318	6.557	7.016	13.184
Lièges	—	3.461	4.302	4.030	4.095	6.645	7.993	7.790	8.002	11.112	7.612	7.438	6.542
Minerais	—	20.535	12.823	15.584	16.028	16.705	27.581	105.414	197.422	345.823	296.280	305.580	403.880
Pommes de terre	—	4.749	4.822	6.741	14.963	15.325	13.919	9.091	10.601	8.208	10.146	12.269	19.608
Poissons de mer	—	744	995	1.084	1.311	1.705	1.752	1.554	1.644	1.440	2.558	2.083	2.796
Peaux	—	1.504	1.603	1.526	1.300	1.648	2.076	1.965	2.611	2.501	1.449	2.191	2.627
Vins ordinaires (en fûts)	hectol.	2.479.047	1.228.829	1.398.476	2.326.460	2.452.707	3.247.483	3.140.411	3.282.783	3.781.467	4.018.127	4.155.760	4.773.240
Animaux vivants. Bœufs	têtes.	798	918	2.984	4.517	7.691	3.354	1.893	489	412	2.943	4.917	4.912
Moutons	—	367.781	346.392	440.809	468.668	431.745	411.302	321.994	373.489	343.532	516.381	325.552	370.170
Chevaux	—	2.703	1.514	1.400	1.546	3.463	2.249	2.062	1.301	989	668	1.061	957

Alger Pittoresque.

Alger comprend trois zones distinctes : la cité maritime, la ville européenne et la ville arabe que la vieille Kasbah domine... Jadis, la mer venait battre les roches sur lesquelles s'élevait la Djama-ed-Djedid. Le boulevard de la République et les quais ont été construits sur les enrochements et les parties comblées du rivage.

La place du Gouvernement a été longtemps le cœur et le centre de la ville. Là, en une promiscuité bien démocratique, se coudoient les types les plus divers : des Européens, petits rentiers et flâneurs, des ouvriers en quête d'embauchage, des Espagnols, qui, en attendant la fortune, offrent l'imprévu de leur costume national, hommes de Valence, de Minorque ou d'Iviça, gitanos aux cheveux huileux, des gitanas marchandes de dentelles, des Arabes trop loqueteux, de grands chefs indigènes trop pompeux, des petits Arabes, cireurs ou marchands de journaux, effrontés, amusants et braillards, des mauresques d'un style trop moderne, prêtresses d'un Orient facile et douteux.

De cette place, véritable carrefour, partent les principales artères de la cité : le long de la mer et dominant tout le panorama, le boulevard qui, d'un côté, aboutit aux « Deux-Moulins » et, de l'autre, à l'esplanade Margueritte : c'est la plus belle promenade que l'on puisse rêver.

La rue Bab-el-Oued, rue à arcades, où se succèdent les bars, les cabarets et les boutiques, et où circule la partie démocratique et quelquefois dépenaillée de la population : petites ouvrières, nobles

hidalgos qui n'ont jamais eu de quartiers de noblesse, gratteurs de guitares, joueurs d'accordéon, chanteurs de séguedillas, amateurs de tramous et de cacaouettes... Ils s'en vont vers la « Cantéra », où vous retrouverez toute la couleur de la Iriana, les types de l'Albaycin, les belles lignes de la Malagueña et les odeurs de la cuisine de la huerta valencienne.

De l'autre côté, symétriquement placée, c'est la rue Bab-Azoun, aristocratique du côté gauche, plébéienne du côté droit. Ici, comme en France, dans le pays le plus démocratique qui soit, on éprouve le besoin d'établir des distinctions, des catégories entre les différents éléments de la population. Si nous pouvions écrire sur notre chapeau que nous sommes d'une essence supérieure, nous le ferions. Donc, du côté gauche on rencontre les promeneurs élégants et les dames coquettes qui vont d'un pas lent et s'attardent devant les devantures luxueuses. De l'autre, du côté droit, les passants sont de mise plus négligée et vont vite. C'est une zone où l'observateur qui a du temps à perdre, peut faire de la « psychologie urbaine ».

ALGER : DANS LE PORT   Cliché A. B.

A l'extrémité de la rue Bab-Azoun, le square Bresson étale ses frondaisons exotiques en face du Théâtre Municipal. Le square Bresson est le rendez-vous des marmots et des moineaux de toute la contrée : les marmots dans les allées, les moineaux dans la feuillée sont faits pour se comprendre. Les habitants aériens du lieu révèlent trop souvent leur présence par des fantaisies de mauvais goût. On avait presque décidé leur destruction : une municipalité au cœur sensible a différé cette Saint-Barthélemy de la gent empennée. Le

Théâtre donne asile à tous les genres : on l'aime, on l'exalte, on le vilipende... C'est le sort réservé aux heureux de la terre. C'est une attraction, c'est un centre : c'est tout naturel dans un pays où les gens chantent en naissant. Il y est aussi question de la Saint-Barthélemy, mais seulement dans l'opéra des *Huguenots*... « Moineaux, dormez en paix ! »

La rue d'Isly est, par son prolongement la rue Michelet, la plus grande voie de la ville d'Alger. Dans ce quartier, de même qu'à Bab-el-Oued, on bâtit sans trêve ni merci. Les immeubles semblent sortir du sol et, dans ce pays fortuné, on ignore la crise immobilière.

Si nous revenons sur nos pas, vers la place du Gouvernement, nous entrerons, un instant, dans les deux grandes mosquées, la Djama-el-Kebir, si intéressante par son beau portique, la cour aux ablutions, les arcatures de l'intérieur, et la Djama-ed-Djedid, de rite Hanafi, construite, dit-on, par un architecte chrétien qui, la construction terminée, paya de sa tête son talent architectural. C'est la légende : au vrai, les musulmans ont voulu reproduire, dans cette mosquée, la forme cruciale de Sainte-Sophie, de Constantinople.

Entre la rue Bab-el-Oued et la rue de la Marine, s'étend le quartier de la Préfecture, agglomération de vieilles maisons dont quelques-unes sont dignes de remarque par leur style, leurs faïences, leurs bois sculptés et leurs inscriptions. Dans ce quartier et sous les voûtes du boulevard faisant face à la darse, les pêcheurs italiens ont élu domicile. Presque tous originaires des environs de Naples, de Procida et d'Ischia, ils constituent une sorte de colonie qui vit à part, sans liens et sans rapport avec le reste de la population, dans une sorte d'intégrité irréductible. Ils continuent à parler leur patois napolitain et du logis familial vont à leurs barques et à leurs balancelles. Leurs femmes et leurs enfants, la voile à recoudre, le filet à remmailler, la coque du bateau à repeindre, voilà leurs seules préoccupations. Tandis que, sur les flots, parmi le blanc floconnement des oiseaux de mer, ils traînent le filet où s'agitent les poissons en infinis frétillements et dans des coulées d'argent en fusion, les pêcheurs italiens restent graves et murmurent la vieille cantilène de la Riviera

de la Chiaïa. Ils n'ont qu'un horizon, l'horizon lointain qui va se perdre dans la trame des brumes azurées et derrière lequel, bien loin encore, s'évoquent dans leur imagination obscure, les rives de Sorrente et les collines du Pausilippe.

De la place du Gouvernement on a accès sur la place Malakoff où se trouvent la Cathédrale, ancienne mosquée restaurée, l'Archevêché et le Palais du Gouverneur. Un peu plus loin, dans la rue de l'État-Major, la Bibliothèque, située dans une maison mauresque dont le caractère architectural est certainement le plus typique grâce à son vestibule, son patio, ses faïences et ses galeries. De la place Malakoff on entre dans la rue de la Lyre qui communique, à son extrémité sud, avec la rue Randon. Ces deux rues sont livrées au commerce où excellent les Israélites et les M'zabites. Quelques magasins où l'on vend du tabac, des épiceries et des articles indigènes, sont tenus par des notables d'origine turque.

La Ville Arabe.

Dans la rue de la Lyre, par la rue Porte-Neuve, on monte vers la ville arabe où l'on peut avoir des impressions originales, loin de la banalité de la cité moderne. C'est l'asile où les musulmans peuvent encore se réfugier dans le silence et la tradition, quand ils n'ont pas été gâtés par les vices des civilisés. Dans les parties de la ville haute que la stupide construction de forme moderne n'a pas encore profanées, il y a, pour le visiteur, des surprises pleines de charme.

Dédales de ruelles où discrètement pénètre la lumière qui se diffuse et se colore en bleu pâle, reflet des murailles peintes en bleu ; saillies d'un premier étage soutenu par des rondelles de thuya ; escaliers rapides à l'extrémité desquels on aperçoit la tache bleue du ciel où se profile un minaret ; un cyprès aux tons veloutés s'érigeant à côté d'une blanche coupole ; dans une lucarne, comme dans un cadre ovale, la figure rieuse d'une fille dont la tête est joliment coiffée d'un foulard lamé d'or ; un vieux mendiant aveugle qui implore au nom d'Abd-el-Kader el-Djilani ; dans un petit réduit, la figure ivoirine et la barbe blanche d'un vieux scribe qui devise lentement avec deux ou trois familiers sans s'inquiéter, un seul instant, du bruit du dehors ou du touriste qui passe: le va-et-vient silencieux des mauresques voilées, des vieilles juives, des biskris, de quelques nègres, d'arabes haillonneux, de jeunes maures, de petits bourricots ; la vision, par une porte entrebaillée, de quelques filles jouant aux cartes, dans une cour où flotte cette lumière bleue qui emprunte, par d'infinies vibrations, ses tons aux murailles voisines ; le babil des enfants accroupis sur les nattes de la zaouïa en face d'un maître qui enseigne le Coran ; les attitudes rituelles des croyants dans la pénombre des oratoires...

Dans cette ville, respectable par son âge et son originalité, il y a des mosquées, des zaouïas et un cimetière qui ont en eux l'intérêt de l'histoire et la poésie de la légende.

Entrons dans la rue d'Aufreville, passons devant les boutiques des cordonniers, des tourneurs sur corne, des sculpteurs sur bois, des décorateurs de derboukas et d'étagères, et nous arrivons à la Djama-Safir qui fut commencée en 1534. Un chrétien, esclave de Kheir Eddin et devenu musulman, paya de ses deniers la construction de cette mosquée. Il avait pris le nom de Caïd Safar ben Abd-Allah, caïd Safar, fils de l'adorateur de Dieu ; et c'est ainsi que le renégat ne courut plus le risque d'être appelé « fils de mécréant » ou « fils de chien ». Celui-ci, d'ailleurs, acquit assez de savoir pour obtenir le titre assez envié de lecteur du Coran. La mosquée Safir fut achevée le 11 septembre 1534, neuf mois après la pose de la première pierre. Elle fut reconstruite en 1791 par Baba-Hassen sur les plans de la

Djama-Ketchaoua que nous avons tranformée en cathédrale. Au n° 15 de la rue d'Aufreville, existait la Djama-Hammamet, ou mosquée du bain, élevée en 1678 et démolie en 1850.

Descendons la rue Kléber, arrêtons-nous dans le carrefour auquel le « Comité du Vieil-Alger » s'efforce de rendre son aspect primitif, et où notre grand peintre Fromentin aimait à s'asseoir et à observer les passants. Nous pénétrons ensuite dans la zaouïa où se trouvent l'oratoire et le tombeau de Si M'hammed Chérif, mort en 1541, l'année même de la désastreuse expédition de Charles-Quint : des femmes qui prient, une vigne centenaire, un chat qui ronronne, une fontaine qui pleure, une atmosphère de recueillement.

Puis, c'est la ruelle qui dévale dans le clair-obscur où les légumes, les fruits et les viandes de boucherie se succèdent dans une polyphonie inattendue, où les relents de la rue se mêlent à des odeurs de myrte et de jasmin. L'ombre de Sidi Bou Guedour, l'homme aux marmites, qui, par ses prières et ses incantations, contribua à la défaite de Charles-Quint, nous arrête au passage.

Au bout de cette rue, non loin de la mosquée de Sidi Abd-Allah, il y a un petit cimetière, dans la quiétude qui convient aux morts : « le silence est à Dieu et le bruit est aux hommes ». A l'entrée, l'humble logis de l'oukil. Puis la minuscule nécropole. Sous la kobba, dort le vénéré Sidi ben Ali ben M'hammed. A l'ombre des trois figuiers sacrés, le tombeau de Sidi Braham ben Mouça et les deux tombes à stèles de marbre, qui contiennent les restes de deux charmantes princesses mortes en pleine jeunesse et dans tout l'éclat de leur

beauté. Elles furent la fleur et l'ornement du harem. Des prédictions
eur avaient annoncé les destinées les plus hautes et, sous les coups
de la mort brutale, les illusions s'évanouirent. Des splendeurs pas·
sées, il ne reste que deux stèles qui redisent un nom harmonieux
avec une imploration :

« Voici le tombeau de Fatma bent Hassen Bey, que Dieu lui pardonne ainsi qu'à tous
« les Musulmans.
                                                    « Amen, amen. »

Et la deuxième stèle :

« Voici le tombeau de celle qui est en la possession de Dieu : Nefissa, fille de feu
« Hassan Pacha. Que Dieu leur soit miséricordieux ainsi qu'à tous les Musulmans.
                                                    « Amen, amen. »

Le saint Sidi Ben Ali ben M'hammed revit dans le tronc des
figuiers, et quand les arbres sacrés se parent de leur frondaison nouvelle, l'âme fragile des deux princesses renaît dans les feuilles tein-
tées d'argent.

Entre le cimetière et la mosquée de Sidi Abd-Allah, des femmes
sans âge vendent les plantes et les simples qui guérissent tous les
maux, conjurent les maléfices et parfument les ragoûts. Si Abd-Allah
offre aux méditations, aux prières, aux rêveries sans objet l'abri où,
dans une demi-obscurité, des ombres se lèvent et s'inclinent, puis
s'accroupissent pour le marmonnement des surates et l'égrenement
des chapelets.

Dans le quartier où sont confinées les vierges folles qui rappellent
les courtisanes de Suburre, avec leurs yeux allongés par le *koheul*
et leurs joues rougies par le carmin, juste sur l'emplacement de
'ancienne Kasbah (el-Kosba el-Kedima), s'élève l'antique mosquée
berbère de Sidi Ramdane. On l'ignore. Elle apparaît comme le sym-
bole du passé au milieu des rires des vendeuses d'amour et des ju-
rons d'une clientèle avinée. Elle a 18 colonnes et 9 toits, colonnes
empruntées sans doute à des temples païens, et toitures singulière-
ment enlaidies par des tuiles rouges. Jadis, le revenu de ses biens
habous, représentés par 50 immeubles, était attribué à de bonnes
œuvres.

En temps de Ramadan, Sidi Ramdane, dont l'oratoire, jusqu'au
XVII° siècle, s'appela la mosquée de la Kasba, recevait deux cierges de
cinq livres, neuf mesures d'huile à manger, de l'huile pour l'éclai-
rage, des sucreries, des pâtisseries et des nattes.

Plus loin, vers le nord, le jardin créé par le vieux colonel qui, sur
l'ordre de Napoléon I", abandonna son nom « Capone » pour s'appe-
ler Marengo, du nom de la bataille où il s'était illustré.

La nouvelle Mederça, qui fait honneur à l'architecte Petit, voisine
harmonieusement avec la mosquée de Sidi Abd-er-Rahmane : un minaret où les bandes de faïences alternent avec les colonnettes légères
sur lesquelles s'appuient des arceaux évasés, le lieu où repose Abou
Zeid Abd-er-Rahmane et-Isalbi (que Dieu le comble de ses bienfaits !) ;
la mosquée ; le pittoresque des constructions voisines ; les tombes ;
les menus frondaisons des plantes grimpantes ; le cyprès plusieurs
fois centenaire qui résume, par la noblesse de son port et les luisan-
ces de son velours, un hiératisme sacré et une mystérieuse tradition…
tout nous donne une sensation d'art. C'est bien l'asile qui convient
à ce vieux savant, au théologien qui erra par le monde, du Levant au
Couchant. Abd-er-Rahmane naquit en 1387 et mourut en 1471. Ouali,
par la grâce de Dieu, en possession de l'étincelle divine, il fut un
semeur de bonnes paroles et devint un bon pasteur d'âmes. En 1471,
à côté de la kouba où il fut inhumé, on édifia une mosquée modeste
que Hadj Ahmed Bey remplaça en 1697 par la Djama que nous admi-
rons aujourd'hui. Le culte pour le saint homme n'a jamais fléchi.
Les dons affluaient, les donations se multipliaient : 69 maisons, en
biens habous, appartenaient encore à la mosquée, au début de la conquête. Une dame, Douma bent Mhammed, en 1826, offrait tous ses
chaudrons au marabout ; Hadj es-Saadi affranchissait tous ses escla-
ves devant le tombeau du saint. A côté de la Kouba, on enterrait des
pachas, des fonctionnaires de marque, le bey de Constantine, comme
si ce voisinage constituait, même dans la mort, le suprême hommage.

Ici, se termine cette promenade dans le passé. Un comité composé
d'homme de bon vouloir, dit « Comité du Vieil-Alger », s'efforce de
faire revivre ces souvenirs et d'enseigner le culte des vieux monu-

ments. Y réussira-t-il ?... Là-haut, dans la vieille ville, c'est la tradition avec les vestiges d'une architecture originale et d'un art intéressant ; en bas, c'est le modernisme, l'avenir, le progrès, dit-on... Ceci tuera cela. Le bruit des sirènes, le sifflet des locomotives, le flot montant des envahisseurs, l'agitation de la foule mettront peut-être en fuite l'ombre de Abou Zeïd Abd-er-Rahmane et Isalbi, sur lequel soient le Salut et la Paix.

Alger, 1910.   Ch. DE GALLAND.

ORAN

Situé sur la côte Ouest de l'Algérie, à peu de distance du Maroc, le port d'Oran est en relations suivies avec les colonies françaises de la côte occidentale d'Afrique, les États-Unis d'Amérique et la Turquie d'Asie.

Le cabotage international dont l'activité progresse d'année en année, est alimenté par les houilles d'Angleterre, les bois des pays scandinaves, de la Roumanie, de l'Autriche et de la Turquie, les pétroles raffinés de Russie, les tabacs de Belgique, d'Allemagne, de Hollande et d'Autriche. Le mouvement de la navigation, qui se chiffrait, en 1856, par 937 navires jaugeant 36,000 tonneaux (entrées et sorties réunies) ; en 1881, par 3,247 navires jaugeant 1,281,351 tonneaux ; en 1906, par 6,192 navires jaugeant 4,013,163 tonneaux, pour atteindre, en 1909. 6,717 navires et 5,513,178 tonneaux.

Les relations commerciales d'Oran, tant avec la France qu'avec les pays étrangers, se développent depuis longtemps avec une constance et une régularité remarquables. Les envois en transit à destination du Maroc ou des Oasis sahariennes continuent à alimenter un courant d'affaires des plus intéressants.

C'est l'exploitation directe de la terre qui est la base de la richesse de l'Oranie. Les céréales constituent la principale ressource du dépar-

ORAN : VUE GÉNÉRALE   Cliché A. Berthoud.

tement et représentent plus de la moitié de la production totale de l'Algérie, puis viennent ensuite les surfaces complantées en vigne et les principaux produits agricoles, tels que : primeurs, palmiers-nains, alfa, écorces à tan, etc. Le commerce des bestiaux et de leurs dépouilles donne lieu aussi à un trafic d'exportation important.

Les industries régionales comprennent la minoterie, qui atteint, dans l'Oranie, une grande importance; les pâtes alimentaires, dont la qualité est très recherchée; la fabrication des tabacs, qui s'effectue à la perfection dans plusieurs grandes usines; les installations de crin végétal, des fabriques de plâtre, chaux et, ciment, et d'autres industries dont l'activité progresse sans cesse.

ʚ

MOSTAGANEM

Les relations de cabotage du port de Mostaganem avec les ports français sont des plus actives et comprennent toutes les catégories de marchandises. Son trafic maritime qui, en 1847, ne dépas-

MOSTAGANEM : LE PORT   Cliché A. Berthond.

sait pas 32,000 tonnes, représentait 30,000 tonnes en 1865. Il s'est maintenu stationnaire jusqu'en 1880, époque vers laquelle commencèrent les plantations de vignes dans les environs. En 1890, le mouvement des cargaisons, entrées et sorties, montait à 40,000 tonnes, pour atteindre 70,000 tonnes en 1900 et s'élever à 133,000 tonnes en 1909.

Indépendamment d'un certain nombre de Compagnies qui l'ont compris comme port de relâche, cinq Compagnies maritimes le desservent régulièrement.

D'autre part, l'arrondissement tributaire du port s'étend sur

959.110 hectares et compte 45 centres essentiellement agricoles. La production principale de ce territoire est celle des céréales. C'est la région de Tiaret qui fournit le plus gros appoint.

Les vignobles occupent 17,000 hectares ; l'élevage est florissant et l'on estimait, en 1908, sa valeur à 31,800,000 francs.

Parmi les industries locales, la minoterie tient la tête avec huit moulins ayant produit, en 1909, plus de 110,000 quintaux de farine, consommés en partie sur place. On compte également plusieurs huileries, une usine de ciment comprimé et deux fabriques de tabacs importantes.

ʚ

BOUGIE

Le port de Bougie qui, jusqu'à ces dernières années, était plutôt, en réalité, une simple rade abritée, est actuellement constitué par un ensemble d'ouvrages très complets ; les routes, les chemins de fer, l'immigration, une administration bien étendue, lui ont fait, petit à petit, prendre rang parmi les villes les plus prospères de l'Algérie.

Sans relations directes avec les pays situés en dehors du cabotage international, le port de Bougie entretient, dans ces limites mêmes, des rapports très suivis avec les ports étrangers de la Méditerranée et du Nord de l'Europe ; les exportations constituent le principal élément du trafic avec l'Étranger.

Bien que le port n'ait pas bénéficié jusqu'ici d'un trafic d'importation répondant aux avantages de sa situation géographique, il est permis d'augurer favorablement de son avenir à cet égard. Quelques maisons de commerce n'ont pas hésité à y fonder des établissements importants, entre autres des dépôts de bois de construction qui reçoivent leurs approvisionnements de la Roumanie et de la Suède. Des stocks très importants de houille permettent déjà aux navires étrangers de se ravitailler. Les transactions avec la Métropole tiennent une place prédominante dans l'ensemble des opérations commerciales traitées à Bougie. Les ports de Marseille, du Havre et de Rouen sont les plus directement intéressés à ces mouvements.

BOUGIE : VUE GÉNÉRALE   Cliché A. Berthoud.

l'épuisement des grignons d'olives par le sulfure de carbone ; une fabrique d'ébauchons de pipes en racine de bruyère et une fabrique de crin végétal. Enfin, il existe près de Bordj-bou-Arréridj, à Medjez, une importante usine transformant l'alfa en pâte à papier.

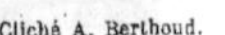

PHILIPPEVILLE

Philippeville entretient des relations commerciales les

BOUGIE : LE PORT ET LES QUAIS   Cliché A. B.

Les minerais et les phosphates sont les principaux facteurs du chiffre des exportations du port de Bougie. Les productions agricoles de la région comprennent plus spécialement l'huile d'olive, les figues et les caroubes.

Comme industrie régionale, on cite : une usine de chaux et ciments ; plusieurs ateliers affectés à la pasteurisation et à l'emballage en caissettes ou en boîtes des figues sèches ; deux fabriques de tuiles, de briques et d'ouvrages divers en ciment ; une usine pour

PHILIPPEVILLE : DANS LE PORT   Cliché A. B.

PHILIPPEVILLE : VUE GÉNÉRALE

cerne les peaux brutes demandées par les États d'Amérique.

Les expéditions à destination des ports tunisiens comprennent des quantités importantes en grains et en farines, de vins, de semoules, des légumes secs, d'orge. La majeure partie des dattes récoltées dans la région du Sud est exportée par le port de Philippeville.

Dans la région de Philippeville se trouvent six moulins à farines et à semoules, une usine pour la fabrication du papier de paille située au Hamma, une scierie pour ébauchons de pipes, ainsi que quelques tanneries.

Les produits agricoles sont :

Les animaux vivants, les céréales, les huiles d'olives, les raisins de table, ainsi que les primeurs dont le commerce est une source de revenus pour la banlieue de Philippeville.

Les cultures industrielles se bornent à celle du coton, encore dans la période des essais.

Les produits forestiers se partagent en trois espèces : le liège, le bois et l'alfa.

plus suivies. Le trafic direct de ce port avec les ports étrangers est limité au cabotage international.

La nomenclature des principales marchandises directement importées des pays étrangers, autres que la Tunisie, comprend les houilles d'Angleterre et d'Allemagne, les bois à construire d'Autriche-Hongrie, de Suède et de Roumanie. Comme produits importés indirectement on peut citer : les pétroles originaires de Russie et des États-Unis d'Amérique, des huiles de coton, des machines anglaises et américaines, etc...

Les exportations directes à destination des pays étrangers consistent surtout en minerais de zinc, de plomb et de cuivre et en fourrage pour la Belgique, en alfa pour l'Angleterre, en minerais de zinc et en liège pour l'Allemagne et des laines pour l'Italie. Certaines expéditions sont effectuées par l'intermédiaire des ports métropolitains, notamment en ce qui con-

BÔNE : DANS LE PORT   Clichés A. Berthoud.

Les ressources minéralogiques comprennent des phosphates, des minerais de fer, de cuivre, de plomb, de zinc et de cinabre.

※

BONE

Le port de Bône est situé à l'Ouest du golfe du même nom, près de l'embouchure de la Seybouse, une des rivières les plus importantes de l'Algérie. En raison de l'étendue et de la richesse agricole et minière de ses bassins, en raison aussi de l'activité commerciale des habitants de la région, ce port a pris une importance considérable qui se développe de la manière la plus rapide.

En effet, la région de La Calle, augmentée de la partie limitrophe de la Tunisie, toute la plaine de Bône et la région de Souk-Ahras et de Tébessa sont desservies par le port de Bône ; les richesses contenues dans toute l'étendue de cette zone : produits agricoles, forestiers et minerais suffisent à garantir, dans une large mesure, le développement normal du trafic du port.

L'industrie et les ressources régionales comprennent des fabriques de semoule et de pâtes d'Italie, des moulins à huiles, des distilleries, des scieries mécaniques, des fabriques de crin végétal, d'allumettes et de produits chimiques.

Une usine d'égrenage vient d'être construite pour le compte d'une société coopérative de colons qui a pour but d'étendre la culture du coton dans les plaines de la Seybouse.

Le port de Bône est desservi par des Compagnies de navigation françaises et étrangères dont le nombre des voyages a été, en 1909, de 686.

LIVRAISONS DIRECTES A LA CLIENTÈLE BOURGEOISE

MONOGRAPHIE DES PRINCIPAUX PRODUITS D'EXPORTATION

LES VINS

Situation agricole.

La région d'Alger est le berceau du grand vignoble de la Colonie. C'est là qu'est née la culture de la vigne, c'est de là qu'elle s'est répandue dans tous les sens, pour occuper une bande de terre parallèle à la mer, sur un front de 1.000 kilomètres, avec une profondeur de 200 kilomètres. En effet, on cultive la vigne de La Calle à Nemours, et, dans la province d'Oran, le vignoble s'étend depuis le littoral méditerranéen jusqu'à plus de 200 kilomètres à l'intérieur des terres.

La surface totale des vignes plantées en Algérie est voisine de 160.000 hectares. Les provinces d'Alger et d'Oran en comptent à elles deux près de 150.000 en chiffres ronds.

Les cépages sont ceux qu'on trouve généralement en France, et plus particulièrement ceux cultivés dans le Midi : on en a introduit quelque peu également de la Gironde, de la Bourgogne et du Mâconnais.

Dans la province d'Oran, les cépages espagnols, italiens et portugais s'acclimatent fort bien ; toutefois, la prépondérance appartient au *Carginan*, qui produit les fameux vins du *Roussillon* et du *Mourvèdre* : c'est d'ailleurs ces deux derniers cépages qui constituent la moitié du peuplement du vignoble oranais.

Les méthodes de culture et de vinification ont réalisé, de bonne heure, les progrès définitifs qui permettent aujourd'hui aux vignerons algériens de triompher de toutes les difficultés climatériques et d'obtenir des produits parfaits, laissant loin derrière eux les premiers essais d'autrefois.

Les installations vinicoles de l'Algérie sont belles et importantes ; les caves spacieuses renferment, dans d'immenses foudres, des vins de qualités exquises. D'autre part, les viticulteurs possèdent, tant pour la vinification que pour la manipulation, un matériel scientifique et perfectionné.

Production.

On peut se baser, comme moyenne, sur un chiffre de 8,000,000 d'hectolitres environ pour les vins, rouges et blancs, récoltés annuellement dans la Colonie.

Département d'Alger...........	4.700.000 hectolitres.
— d'Oran.............	2.700.000 —
— de Constantine....	600.000 —

La vente des vins constitue une des branches les plus considérables de l'activité commerciale de l'Algérie et leur exportation donne lieu à un trafic important.

Nature des Vins produits.

Les qualités de vins provenant des régions vinicoles algériennes sont celles qui paraissent convenir le mieux au goût de la consommation étrangère qui les apprécie beaucoup. Les vins produits sont rouges, blancs ou rosés ; on fabrique également, dans le département d'Oran, des vins de liqueurs et des mistelles.

Vins rouges. — Le commerce recherche principalement les vins rouges de plaine, comme vins de coupage, pour remonter les petits vins du Midi de la France ou de l'Étranger (Suisse, Allemagne) ; ils se sont substitués aux vins d'Espagne et d'Italie, surtout depuis l'établissement des droits protecteurs.

Les vins de coteaux ont plus de corps, leur arome est parfumé et leur finesse les fait classer, pour certains crus, comme des vins de premier choix.

Les caractéristiques commerciales des vins rouges sont les suivants :

Alcool, de 11 à 14 degrés centésimaux ; extrait sec, de 24 à 26 grammes. Couleur franchement rouge, plutôt soutenue, robe équivalente aux meilleurs vins de France.

Vins blancs. — La quantité des vins blancs récoltée dans la Colonie est moindre, mais la production n'en est pas moins importante. Les vins blancs sont très prisés et leur degré alcoolique varie,

comme pour le rouge, de 11 à 14 degrés centésimaux. Leur conservation est parfaite ; ils peuvent, comme les rouges, impunément voyager à travers le monde entier.

Nous n'en voulons pour preuve que le succès, tous les ans croissant, qu'ils obtiennent en Allemagne, en Belgique, en Hollande, au Danemark et en Angleterre. Partout ils sont connus ; on rend hommage à leur bonne tenue et à la facilité avec laquelle ils s'améliorent en cave pour devenir des vins de gourmets que l'on peut classer à côté des châteaux de blancs bordelais, des Arbois, des Alsace, tout en restant à des prix abordables pour toutes les bourses.

Vins rosés, Mistelles, Vins de liqueur. — Les vins rosés ont une couleur intermédiaire entre les vins rouges et les vins blancs. Ils sont préparés par cuvaison de courte durée, et ils ont des qualités gustatives qui les font rechercher par une certaine catégorie de consommateurs. Ces vins sont fabriqués, en général, avec des cépages peu colorants et le mélange des raisins *clairette* et *grenache* est le plus usité.

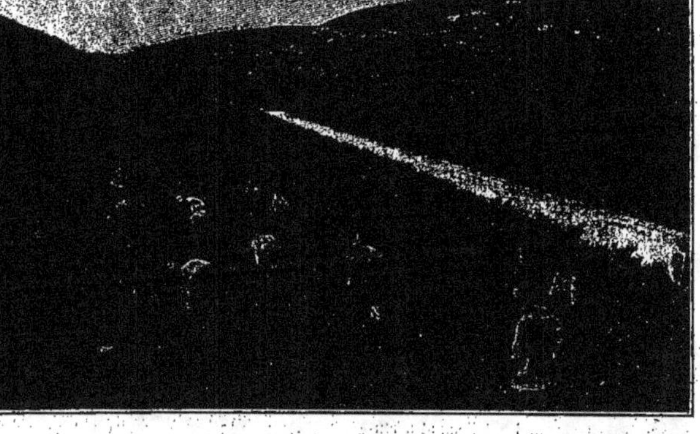

UN VIGNOBLE AUX ENVIRONS D'ALGER — Cliché Fred. Lung

VUE DES CHAIS DE LA MAISON BONNEVILLE, ALGER

VINS DES COTEAUX DE L'HARRACH
à Maison-Carrée

La « Société Immobilière et Agricole de l'Harrach », société anonyme, fut constituée en 1899, sous le régime des lois françaises; son capital est de un million de francs divisé en actions de 500 francs chacune.

Le siège social est à Alger, boulevard Baudin, n° 3.

Cette société possède, depuis douze ans, à Maison-Carrée, une importante exploitation agricole et viticole.

Le Domaine d'Oulid-Adda, situé au Nord de Maison-Carrée et à proximité de la baie d'Alger, est renommé pour ses **Vins des Coteaux de l'Harrach.**

Faire l'historique de ce Domaine serait retracer quarante années de labeurs aussi opiniâtres qu'intelligents, depuis 1869, époque à laquelle le cardinal Lavigerie y installa ses œuvres naissantes, jusqu'à ce jour où la Société Immobilière et Agricole de l'Harrach continue à l'exploiter, mettant à profit les derniers progrès d'une vinification scientifique et rationnelle.

Des chais immenses ont été construits, où les vins sont conservés pendant plusieurs années avant d'être livrés à la clientèle. La Direction de la Société s'est attachée à obtenir des produits parfaitement naturels et de tout premier choix.

Sur demande, une attrayante brochure artistiquement illustrée, permettant de faire une connaissance plus intime avec les sites algériens et les divers services du Domaine, est adressée franco poste.

Les mistelles sont surtout produits par la province d'Oran ; ce sont des moûts très sucrés que l'on additionne d'alcool jusqu'à 14 et 15 degrés, avant le départ de toute fermentation. Les mistelles servent surtout à la préparation des vins de liqueur ou des vins d'imitation.

Les vins de liqueur, dont les types sont le *Muscat de Frontignan* et le *Malvoisie* pour les blancs, le vin de *Banyuls* pour les rouges, sont généralement préparés en quantités importantes dans le département d'Oran.

La haute teneur glucométrique des moûts et de l'arome prononcé des raisins permet de pouvoir livrer des produits de qualité extra et à des prix défiant toute concurrence.

Résistance aux Longs Trajets.

En raison de leur constitution naturelle et des soins qu'ils reçoivent au vignoble comme dans les chais des négociants, les vins algériens résistent aux plus longs voyages,

En effet, en dehors de la Métropole qui prend les 98 0/0 de l'exportation totale, l'Algérie fait des expéditions de vins à destination des Colonies françaises de l'Inde, en Indo-Chine, au Cambodge, dans l'Annam, au Tonkin, dans l'Amérique du Sud, à Madagascar, et il n'y a pas d'exemples qu'il ne soient pas arrivés dans les meilleures conditions.

Prix du Transport.

Le transport de la propriété au port respectif se fait par voie ferrée ou voie maritime, suivant la situation du vignoble producteur.

On peut établir comme moyenne de fret les prix de 15 à 16 francs la tonne pour les vins ordinaires en fûts expédiés des ports algériens à destination des ports de l'Océan et de la Manche.

Prix d'Achat des Vins.

Les prix varient suivant les années ; ils sont sous la dépendance de la production de la France et suivent les fluctuations du marché français.

Les vins se vendent au degré ou à l'hecto, tout en tenant compte de la qualité des produits offerts.

⁎

Pour conclure, nous conseillons aux visiteurs de la « Section Algérienne » de l'Exposition Internationale de Roubaix, qui désireraient traiter des achats de vins algériens, à s'adresser à des maisons d'exportation établies sur les différentes places de l'Algérie. Nos exportateurs s'occupent avec célérité, en y apportant tous les soins voulus, des expéditions des différentes qualités de vins destinées à la

clientèle de la Métropole et de l'Étranger ; en outre, ils possèdent une organisation qui leur permet de recevoir et de soigner dans les conditions les plus favorables, la production annuelle du vignoble algérien.

EXPORTATION TOTALE DE L'ALGÉRIE (1)

ANNÉES	VINS ORDINAIRES		VINS DE LIQUEUR ET MISTELLES	
	QUANTITÉS EXPORTÉES D'ALGÉRIE A DESTINATION		QUANTITÉS EXPORTÉES D'ALGÉRIE A DESTINATION	
	de la France	de l'Étranger	de la France	de l'Étranger
	Hectol.	Hectol.	Hectol.	Hectol.
En 1902	2.082.689	32.0 0	89.333	6.907
1903	4.767.347	27.478	128.616	2.152
1904	5.403.101	31.997	111.562	2.633
1905	4.816.283	84.999	137.618	2.758
1906	5.385.735	64.675	164.733	2.396
1907	5.878.785	158.093	174.373	2.942
1908	6.347.719	110.491	130.229	2.464
1909	6.047.628	109.366	92.533	4.297
1910	6.953.905	95.241	88.318	2.603

(1) Pour le port d'Alger, voir page 16.

ESSENCES

L'Algérie produit des essences d'eucalyptus, de thym, de lavande, de rue, de fenouil, d'absinthe, de néroli et de géranium. Les principaux centres de distillation sont : Boufarik, Chéragas, Rovigo et quelques autres localités du Sahel et de la Mitidja, et dans l'Est de Philippeville où l'on distille paincipalement le géranium.

Pour l'essence de géranium, l'Algérie se trouve en concurrence, sur les marchés de la Métropole et de l'Étranger, avec l'Espagne, l'Orient, l'Ile Bourbon et les Philippines.

En 1909, les quantités exportées d'Algérie se sont élevées à 33.700 kilos (33,600 pour le port d'Alger).

En dehors des autres essences que l'on trouve en assez grande quantité en Algérie, l'industrie de l'essence de néroli (distillation des fleurs d'oranger bigarade) mérite d'être signalée. Les principaux centres de production sont : Boufarik, Hussein-Dey, Rovigo et Blida, où on y distille annuellement 341,000 kilos de fleurs d'oranger donnant un rendement de 341 kilos d'essence et dont la valeur au kilo peut-être estimée de 400 à 450 francs environ.

Les essences sont logées dans des estagnons en fer blancs de dix kilos, lesquels sont emballés pardeux dans des caisses *ad hoc*.

DATTES

Le dattier constitue une des richesses agricoles du Sud algérien ; il ne fructifie que dans la zone saharienne et ses fruits forment la base de l'alimentation des populations indigènes.

Le nombre en est approximativement connu par les rôles de l'impôt.

La statistique agricole 1907-1908 accuse pour l'Algérie entière (plantations européennes et indigènes), 2,437,285 palmiers dattiers en rapport, soit :

POUR LE TERRITOIRE DU NORD :

Département d'Alger	10.933		
— de Constantine	430.850	}	443.105
— d'Oran	1.322		

POUR LE TERRITOIRE DU SUD :

Aïn-Sefra	40.000		
Ghardaïa	158.030	}	1.994.180
Touggourt	1.319.815		
Territoire des Oasis sahariennes	476.335		

TOTAL 2.437.285

Les principales régions de production des dattes dans le Sud algérien sont : l'Oued-Rhir, les Ziban (cercle de Biskra), le Souf (annexe d'El-Oued), Ouargla, le M'Zab, le Touat, le Gourara, le Tidikelt, la Zousfana et la Saoura.

L'Algérie produit différentes qualités de dattes, parmi lesquelles les *Degla-Nour* (dattes de luxe transparentes algériennes, vendues en régime), la seule expédiée pour la consommation européenne, en caisses, boîtes et cartons. Les *Rhars, Degla-Beïda, Mouchi-Degla, Kentichi, M'kentichi, Horra, M'tima, Aloua* et une foule d'autres qui sont encore de consommation arabe.

Les *Rhars*, ou dattes molles, que les nomades indigènes consomment en grande quantité, se vendent en peaux de bouc à l'état comprimé. Les *Hora* et les *Degla-Beïda*, dattes de 2e choix, consommées par la masse des indigènes du Sahara et des Hauts-Plateaux, se vendent bien en Espagne. Les *Deglet-Nour* du Souf et du Djerid sont les plus estimées et leur récolte est, chaque année, vendue tout entière, quelle qu'en soit l'abondance, et toujours à des prix rémunérateurs.

L'époque de la récolte est en novembre ; avant ce mois on cueille les primeurs.

Les *Deglet-Nour* de première qualité sont expédiées à Biskra, vendues en caisses et au kilogramme ; celles de deuxième et troisième qualité sont envoyées en sacs à Aïn-Beïda, Tébessa, Khenchela et environs et vendues par guelbas.

La plus grande partie des achats sont faits sur pied avant la récolte et même avant la maturité. Les ventes se font le plus généralement au comptant, et lorsque celles-ci sont à terme, les arrhes sont données avant la livraison (c'est là une condition de régularité du marché). L'acheteur au comptant bénéficie toujours d'une importante diminution de prix. Les maisons de la place de Biskra font leurs expéditions de la manière suivante :

En caisses de 24 à 30 kilos et en caisses de 10 kilos net ; en boîtes (colis postaux), de 10, 5 et 3 kilos et de 500 à 1,000 grammes.

SIDI-OKBA : L'ENTRÉE DE L'OASIS
Cliché A. Berthoud.

FIGUES

Les principales plantations de figuiers se trouvent dans les régions de Tizi-Ouzou, Bougie et Mostaganem. La récolte des figues destinées au séchage a lieu à partir de fin août et leur dessication se fait à l'air libre, sur des claies.

Les figues comestibles ou de table se divisent suivant les catégories ci-après :

1e Les qualités supérieures qui sont empaquetées soigneusement dans des caissettes en bois ou en carton de petites dimensions ;

2e Les bonnes qualités ordinaires qui, après triage, sont emballées dans des caisses de 10, 25 et 50 kilos ;

3e Les qualités ordinaires dont l'expédition se fait habituellement dans des couffins.

Les figues algériennes de table sont généralement désignées sous le nom de « Figues de Bougie » ; ces figues, qui proviennent surtout des montagnes de Kabylie, ont un très bon goût, elles sont douces et charnues. Elles sont maintenant exportées par le port d'Alger en plus grande quantité que par le port de Bougie.

Les qualités tout à fait inférieures sont désignées sous le nom de *figues de distillerie*, elles sont utilisées pour la fabrication de l'alcool et aussi pour la préparation du *café de figues* qui est consommé sur une large échelle en Autriche.

ANNÉES	QUANTITÉS TOTALES EXPORTÉES D'ALGÉRIE	
	FIGUES DE TABLE	DATTES
En 1902	19.608 quintaux	3.066 quintaux
1903	49.350 —	28.472 —
1904	189.062 —	31.548 —
1905	109.830 —	29.192 —
1906	127.485 —	25.022 —
1907	97.852 —	36.323 —
1908	66.202 —	33.147 —
1909	75.793 —	37.127 —
1910	122.673 —	44.574 —

LES HUILES D'OLIVE

L'olivier se reproduit à l'état sauvage dans toute les forêts, dans toutes les broussailles de l'Algérie, lorsque le sol et l'altitude lui permettent de vivre ; il s'y développe avec vigueur, surtout dans les régions à température modérée.

Les principaux centres de culture de l'olivier se trouvent dans la Kabylie, notamment dans la région de Tizi-Ouzou, à Mirabeau, Camp-du-Maréchal, Horace-Vernet, Boghni, Dra-el-Mizan, Azazga et dans la Grande Kabylie, à Maillot et Akbou.

La production annuelle des huiles d'olive algériennes, comme celle des autres pays, varie sensiblement chaque année ; en effet, l'olivier ne porte pas régulièrement ses fruits, les arbres saisonnent, c'est-à-dire qu'une bonne année est généralement suivie d'une médiocre et d'une mauvaise, si bien qu'on ne compte qu'une bonne récolte et demie en trois ans.

D'après les dernières statistiques agricoles de 1906, 1907 et 1908, les quantités d'huiles d'olive fabriquées dans la Colonie se répartissent comme suit :

	CAMPAGNE AGRICOLE		
	1905-1906	1906-1907	1907-1908
	HECTOLITRES	HECTOLITRES	HECTOLITRES
Département d'Alger	115.850	161.429	123.446
— de Constantine	393.536	335.457	241.647
— d'Oran	30.459	33.032	8.284
TOTAUX	439.865	549.918	373.377

Pour les trois départements, le nombre des fabriques d'huiles actionnées par l'eau et par la vapeur et exploitées la plupart par des Européens, s'élève à 1,300 ; quant aux moulins à manège des indigènes, on peut évaluer leur nombre à 30,000. L'outillage des principales fabriques répandues sur notre territoire est des plus modernes, et les procédés employés se perfectionnent sans cesse.

Les huiles qui sortent de ces usines, fabriquées avec des olives d'origine européenne sont fruitées, fluides, dorées. Elles rappellent bien plutôt les belles huiles si renommées de Nice ou de Bari que les huiles des contrées méridionales. On retrouve les mêmes qualités chez les huiles récoltées sur les vieux oliviers romains des environs de Cherchell.

La récolte des olives a lieu à partir de fin octobre ; généralement les moulins commencent à fonctionner en novembre et l'on peut déjà traiter des achats d'huiles d'olives après la première quinzaine de novembre, quoique la fabrication ne batte bien son plein qu'en décembre.

Les huiles d'olive algériennes sont expédiées en bonbonnes, ou par estagnons de différentes capacités, et en fûts de 190 à 500 kilos net environ.

La France absorbe la plus grande partie des quantités expédiées ; néanmoins, la part de l'Étranger atteint aussi un chiffre respectable ; nos meilleurs clients sont la Belgique, les Pays-Bas, l'Angleterre et l'Allemagne.

EXPORTATION TOTALE DE L'ALGÉRIE (1)

ANNÉES	HUILE FIXE PURE D'OLIVE	
	QUANTITÉS EXPORTÉES D'ALGÉRIE A DESTINATION	
	de la France	de l'Étranger
En 1902..........	38.979 quintaux	3.566 quintaux
1903...........	16.905 —	1.696 —
1904............	12.666 —	351 —
1905............	56.836 —	5.976 —
1906............	72.575 —	6.198 —
1907............	24.940 —	1.151 —
1908............	94.448 —	14.955 —
1909............	45.697 —	6.414 —
1910...........	79.846 —	14.442 —

(1) Pour le port d'Alger, voir page 16.

Toutes les olives récoltées ne sont pas destinées à la fabrication de l'huile ; une certaine quantité, après une préparation, est livrée à la consommation sous ces trois formes : olives vertes, noires ou brunes. Ces diverses qualités sont très appréciées de la clientèle et la préférence se porte principalement sur les olives noires qui sont tendres et plus digestives.

LE CRIN VÉGÉTAL

L'exportation du crin végétal a pris, en Algérie, une grande extension. En dehors de petites fabriques occupant quelques ouvriers et qui sont nombreuses, il existe de véritables usines à vapeur pourvues de machines les plus puissantes. On estime à 3,000 ouvriers le nombre des Indigènes et Espagnols employés au peignage et à la mise en corde du crin végétal.

Cette industrie est surtout développée dans les départements d'Oran et d'Alger ; elle occupe une place moindre dans celui de Constantine. Les principaux centres de fabrication sont, pour le département d'Alger : Bordj-Menaïel, El-Affroun, Marengo, Cherchell, Affreville, Lavigerie, Le Puits, Duperré, Rouïna, Fondouck, Arba, Gué-de-Constantine, Ouled-Fayet, Voltaire. Pour le département d'Oran : Nemours, Nédromah, Arcole, Aïn-el-Arba, Bou-Sfer, Oran, Sidi-bel-Abbès, Tiaret. Pour le département de Constantine : Bône, Akbou, Amokran, Takdempt.

Le crin végétal est tiré du palmier nain, en botanique *chamœrops humilis* : c'est le seul palmier indigène qui se trouve en Europe. Il croît, en effet, spontanément dans les environs de Nice et en Espagne ; mais il est particulièrement commun dans la région méditerranéenne occidentale.

En général, on ne rencontre, sur le sol algérien, le *chamœrops humilis* qu'à l'état de broussailles très basses, car les indigènes l'emploient à de nombreux usages. Ils en font des tapis, des paniers, des chouaris, sortes de paniers doubles qu'ils placent sur les bêtes de somme pour transporter des provisions. du grain, etc.... Ils utilisent encore la feuille de palmier-nain à la confection des cordes d'entraves pour les bêtes.

La récolte de la feuille du palmier-nain a lieu toute l'année.

***

La matière première est exclusivement fournie aux usiniers par les indigènes. Le crin végétal est travaillé avec les tambours et les peigneuses mécaniques ; dans divers ateliers on utilise encore la peigneuse à mains pour les qualités fines.

Au sortir du peignage, les fibres séchées subissent deux opérations : la première, le *cordelage*, et la deuxième, le *frisage* ou *coquil-lage* ; elles sont toutes deux capitales, car c'est grâce à elles que le crin végétal acquiert cette élasticité qui a toujours fait la supériorité du crin animal.

La couleur naturelle du crin végétal est vert cendré ; pour le rendre noir, on a recours à la teinture. Le procédé employé consiste à plonger les filasses séchées et mises en cordes. dans une solution de bois de campêche, trempées au préalable dans un bain de sulfate de fer qui sert de mordant.

Les cordes séchées sont mises en balles au moyen de botteleuses appropriées à cet usage, puis expédiées par balles de 120 kilos ou en ballots plus maniables de 65 kiles ; pour les qualités fines, l'emballage se fait avec de la toile.

***

Tout le monde sait que le crin végétal, par ses propriétés hygiéniques, est inaltérable par la vermine et qu'un matelas confectionné avec cette plante textile peut durer indéfiniment. Son prix est peu élevé et, en dehors de son usage pour la literie, le crin végétal trouve son emploi dans la bourrellerie, la sellerie ainsi que dans l'ébénisterie.

Les principaux pays importateurs sont : l'Italie, l'Allemagne, l'Autriche-Hongrie, la Belgique et les États-Unis.

ANNÉES	QUANTITÉS EXPORTÉES D'ALGÉRIE A DESTINATION	
	de la France	de l'Étranger
En 1902.............	41.078 quintaux	119.593 quintaux
1903.............	78.437 —	309.522 —
1904.............	70.032 —	231.404 —
1905.............	80.130 —	357.033 —
1906.............	82.488 —	331.106 —
1907.............	82.952 —	365.431 —
1908.............	78.542 —	372.993 —
1909.............	75.971 —	386.505 —
1910.............	87.957 —	433.518 —

L'ALFA

L'alfa croit spontanément en Algérie, et particulièrement dans le département d'Oran, où il s'avance jusqu'au littoral, depuis les montagnes des Ksours, et les plateaux des Oulad-Sidi-Cheikh (Saïda, le Kreider, Mécheria, Aïn-Sefra, Moghrar-Tahtani, etc.).

Oran et Arzew sont les principaux ports d'exportation de l'alfa en Algérie.

Dans la province de Constantine, on rencontre l'alfa au Sud de Sétif, dans les Maâdid et le Bouthaleb, ainsi que dans l'Aurès ; il est exporté par les ports de Philippeville, Bougie et surtout Bône.

La région alfatière du département d'Alger ne dépasse pas, au Nord, une ligne passant par Tiaret, Téniet-el-Haâd, Aumale, les Beni-

ORAN : LE PORT — Cliché A. Berthoud.

L'alfa récolté dans la province de Constantine est généralement fin.

D'après certaines évaluations, il existerait en Algérie cinq millions d'hectares d'alfa dont la production annuelle peut être estimée à 400,000 tonnes environ ; l'épuisement des nappes alfatières n'est donc pas à craindre.

L'alfa est arraché et non coupé à la faucille ; il s'achète sur les lieux de production à raison de 15 à 20 francs la tonne. Après le séchage, il est trié, classé et mis en balles de 110 à 125 kilos, plus ou moins pressées, maintenues par des cordes d'alfa.

L'alfa livré à la consommation est sec ; les prix de vente sont variables et suivent les fluctuations du marché anglais, influencé par la production de la Tunisie et de la Tripolitaine, dont l'importance dépasse celle de la production algérienne.

Abbès et les Biban. Les principaux lieux de dépôt sont : Aïn-Oussera, Bou-Cedraïa et Guelt-es-Stel, où les voitures de roulage, revenant vides de Laghouat et de Djelfa, prennent un chargement d'alfa pour Alger. L'exportation, qui augmente de jour en jour, se fait par le port d'Alger. Elle prendra un très grand développement du fait de la construction de la ligne de Boghari à Djelfa.

L'exportation de l'alfa a doublé depuis 1870 ; de 42,199 tonnes, elle passe à 92,496 tonnes en 1910. Les principaux pays importateurs sont : l'Angleterre, l'Espagne, la Belgique, le Portugal et l'Italie.

L'alfa est utilisé pour la confection d'objets dits de sparterie, mais aujourd'hui son principal emploi consiste à le transformer en pâte à papier.

Oran produit toutes les qualités commerciales, en raison de l'étendue de l'exploitation, mais surtout des alfas fibreux de papeterie et des alfas fins de sparterie.

Djelfa, dans le département d'Alger, donne, sur beaucoup de points, des produits longs et forts, utilisés pour la vannerie et la sparterie.

Dans le département de Constantine, à Medjez, la « Société Franco-Algérienne des Pâtes d'Alfa », dont le siège social est à Paris, a créé une usine pour la fabrication de la pâte d'alfa par un nouveau procédé permettant d'opérer à froid et avec une consommation réduite de produits chimiques et de force motrice. Cette industrie est en pleine prospérité.

ARZEW : LE PORT — Cliché A. B

ANNÉES	QUANTITÉS EXPORTÉES D'ALGÉRIE A DESTINATION	
	de la France	de l'Étranger
En 1902..............	13.380 quintaux	350.781 quintaux
1903............	22.464 —	727.514 —
1904...............	44.894 —	758.239 —
1905...............	31.210 —	840.236 ...
1906...............	20.026 —	1.000.504 —
1907...............	10.851 —	978.847 —
1908...............	6.313 —	934.766 —
1909...............	5.954 —	821.138 —
1910...............	7.040 —	917.918 —

LES CUIRS ET PEAUX BRUTES EN POILS

Peaux de Veaux et Bœufs d'Algérie.

Ces peaux proviennent, pour la plus grosse part, des bêtes abattues dans les abattoirs des principales villes d'Algérie.

Les cuirs sont généralement à fleur saine et fine et de très bonne nature. Ceux provenant de bêtes abattues de mai à novembre sont ceux à meilleur rendement parce qu'ils sont à poil court et peu ou pas varronés. Les veaux et les vachettes et petits bœufs légers constituent le principal article d'exportation. Les gros bœufs de labour et vaches, généralement d'origine française, que l'on tue dans les grandes villes d'Algérie et principalement en hiver, ne représentent qu'un très faible appoint à l'exportation, d'autant plus que presque tous les cuirs lourds de bœufs et surtout ceux de qualité inférieure sont employés par les tanneries locales pour la confection des semelles de chaussures indigènes, ou servent à ceux-ci comme semelles ou sandales taillées à même dans le cuir non tanné.

L'Algérie est d'ailleurs loin de suffire à cette consommation de gros cuirs pour les usages indiqués ci-dessus, puisque, par le seul port d'Alger, entrent, bon an mal an, environ 3,000 quintaux de cuirs en poils. Ce sont surtout les cuirs lourds de taureaux de France, de Suisse et d'Allemagne et les collets et flancs en poils de ces mêmes cuirs, qui sont recherchés par les tanneurs et savetiers indigènes.

La préparation des cuirs en poils se fait, en Algérie, indifféremment en cuirs *salés-verts, salés-secs* ou *écrus* (séchés à l'ombre sans sel). Mais quelle que soit leur préparation, ils peuvent être assimilés ou classés dans les quatre types suivants de cuirs salés-verts, ou saumurés, poids et catégories qui répondent à tous les besoins des tanneries modernes de la France et de l'Étranger :

Veaux, sans têtes ni pattes, de 4 à 9 kilos en raie.

Vachettes et petits bœufs, avec têtes et pattes, de 12 à 16 kilos.

Petits bœufs forts, avec têtes et pattes, de 18 à 21 kilos.

Bœufs et vaches (généralement de provenance française), avec têtes et pattes, de 28 à 34 kilos.

Les acheteurs de France s'en tiennent généralement à la préparation en cuirs salés-verts et écrus ; ceux d'Italie, de Grèce et du Levant, qui sont nos plus forts acheteurs, préfèrent les cuirs salés-secs ; par contre, l'Espagne achète en quantité les cuirs des villes d'Oran et d'Alger préparés en écrus.

Les prix sont basés, comme partout, sur les poids et choix des cuirs ; les choix sont faits d'après les qualités du cuir ; l'état de la dépouille et le nombre des varrons jouent le plus grand rôle dans ce classement.

Les cuirs de choix inférieurs étant employés par la tannerie et les savetiers indigènes, on peut dire que l'Algérie n'exporte, en fait de peaux brutes, que le meilleur de sa production.

Peaux de Moutons.

Les peaux de moutons d'Algérie sont en général de grande et moyenne taille, à nerf excellent, à laine plus ou moins fine et presque toutes de couleur blanche.

Suivant les saisons et le plus ou moins de longueur de laine elles sont vendues sous les dénominations suivantes :

De janvier à mai, peaux lainées, faisant de 26 à 35 kilos la douzaine.

De mai à septembre, peaux rasons, faisant de 11 à 16 kilos la douzaine.

De septembre à janvier, peaux demi-lainées, faisant de 18 à 26 kilos. Elles sont généralement vendues écrues (séchées à l'ombre sans sel).

Les qualités les plus recherchées sont les peaux de l'abattoir d'Alger, qui proviennent en majeure partie des montagnes de la Kabylie et du Sud du département d'Alger ; elles se distinguent par leur grande taille, leur finesse de laine et leur bonne dépouille, aussi valent-elles généralement de 15 à 20 francs de plus par 100 kilos que les peaux des abattoirs des villes de l'intérieur ; celles-ci atteignent à peine les poids mentionnés d'autre part, alors que les peaux provenant des moutons tués à l'abattoir d'Alger, souvent les dépassent de 2 à 3 kilos par douzaine.

La France, l'Allemagne, la Belgique sont les principaux acheteurs de nos peaux de moutons qui constituent un article de premier ordre d'exportation, grâce à l'ensemble de leurs qualités.

Peaux d'Agneaux.

Les peaux d'agneaux et de gros agneaux (dits broutards) d'Algérie sont particulièrement recherchées par les fabricants de gants de France, d'Allemagne et d'Autriche. Ils constituent une marchandise de tout premier ordre. Les peaux sont préparées en écru et celles de nos grands abattoirs, Alger, Oran, peuvent être comparées aux meilleures provenances de la France et de l'Étranger.

Les peaux d'agneaux se subdivisent, comme les peaux de moutons, en agneaux de l'abattoir d'Alger, qui sont les meilleures de l'Algérie, et en agneaux des abattoirs de l'intérieur, qui valent de 3 à 4 francs de moins que les Alger.

Les agneaux de lait purs qui commencent en novembre, font, au début de la campagne, près de 6 kilos la douzaine, pour finir en janvier à 9 kilos ; viennent ensuite les agneaux dits broutards qui font de 10 à 18 kilos la douzaine ; ceux-ci conviennent également pour la grosse ganterie, mais sont plus particulièrement recherchés par l'Allemagne et l'Autriche.

Peaux de Chèvres.

L'Algérie, la Tunisie, la Tripolitaine et le Maroc ont eu de tout temps des troupeaux innombrables de chèvres servant à la nourriture des indigènes et, dans ces pays couverts de montagnes et collines où la broussaille abonde et est fort heureusement très vivace, il en sera encore longtemps ainsi.

Pour l'Algérie, spécialement, c'est de toutes les exportations de peaux en poils celle qui chiffre le plus. Il faut dire aussi que la souplesse, la solidité et la finesse du grain de nos peaux de chèvre qui n'ont généralement pas de défauts, les font rechercher par les tanneurs du monde entier ; elles sont des plus appréciées par les grandes tanneries des États-Unis et du Canada qui les tannent au chrôme et en font leur fameuse *Glacé Kid* employé dans la chaussure si souple et si élégante portée par la clientèle aisée américaine.

La meilleure provenance est la peau dite de Kabylie, exportée exclusivement par le port d'Alger; viennent ensuite les peaux de Constantine et d'Oran, aussi très recherchées, mais à grain un peu moins fin. Les peaux provenant des bêtes abattues de juin à décembre, dites peaux d'été, sont les meilleures comme rendement et nerf, elles sont alors à poils demi-court ou ras est font de 10 à 12 kilos la douzaine. Toutes les peaux de chèvres sont préparées en salées-sèches et les principaux acheteurs sont les États-Unis et le Canada, la France et l'Allemagne.

ANNÉES	QUANTITÉS DE PEAUX BRUTES EXPORTÉES D'ALGÉRIE (¹)				
	PEAUX BRUTES DE				
	Bœufs; Vaches et Veaux	MOUTONS	AGNEAUX	CHÈVRES	AUTRES
	quintaux	quintaux	quintaux	quintaux	quint.
En 1902..........	3.844	4.508	304	7.287	5
1903..........	5.439	10.873	1.387	10.682	105
1904..........	7.114	2.692	1.739	18.523	501
1905..........	10.752	5.406	1.690	18.547	171
1906..........	13.745	18.902	628	18.946	178
1907..........	10.288	7.961	592	14.022	304
1908..........	9.911	7.479	1.268	11.666	287
1909..........	15.441	10.512	1.581	15.667	192
1910..........	17.833	13.618	1.620	13.660	144

(1) Pour le port d'Alger, voir page 16.

LES CÉRÉALES

Les céréales donnent lieu, dans la Colonie, à un mouvement d'exportation très important; le principal débouché est Marseille, qui reçoit les 50 0/0 environ des envois faits à destination de la Métropole. Quant à la culture, elle se fait sur une grande échelle dans les trois départements; la superficie des terres complantées en céréales en Algérie pendant l'année 1909-1910 a été de 2,974,396 hectares donnant une production totale de 23,571,320 quintaux.

BLÉS

Les blés récoltés en Algérie se rattachent à deux types bien distincts : les blés tendres et les blés durs.

BLÉS TENDRES. — Les deux principales variétés de blés tendres sont : 1° la tuzelle, appelée tuzelle d'Alger, de Sidi-bel-Abbès et de Provence; 2° le blé mahon, plus particulièrement récolté dans le département d'Alger, notamment dans la Mitidja.

Les blés tendres sont exclusivement cultivés par les Européens, les indigènes ne produisant que les blés durs.

Les régions dans lesquelles se récoltent les plus belles variétés de blés tendres sont :

Pour la province d'Alger : les centres de Boufarik, Birtouta, les environs de Blida, d'Affreville et d'Orléansville.

Pour la province d'Oran : la région de Sidi-bel-Abbès et celle de Tlemcen où se trouvent les plus belles qualités de blés tendres ; les tuzelles de Sidi-bel-Abbès qui sont très demandées par la minoterie marseillaise et avec lesquelles rivalisent celles de l'immense plateau du Sersou et les blés dits « colon » de la région d'Oran.

Dans la province de Constantine, il n'y a guère que les régions de Philippeville et de Bône qui donnent des blés tendres. Le froment destiné à l'exportation croit à Aïn-Beïda, Khenchela, Batna, Aïn-M'lila, Smendou, et au Col-des-Oliviers.

BLÉS DURS. — Les variétés des blés durs sont mal définies et souvent les mêmes sortes sont désignées sous des noms différents. Le *Mahmoudi* mérite d'occuper le premier rang parmi les variétés de blés durs, puis viennent ensuite le *Mohamed-ben-Bachir*, le *Tounsi*, le *Hadjet*, le *Hedba*, le *Kahla*.

Les qualités les plus estimées, tant par leur rendement que pour la qualité de leur grain, sont : le *Mahmoudi*, le *Mahmoud-ben-Bachir*, le *Tounsi* ; selon leur aptitude à fournir de la farine ou de la semoule, on peut grouper les blés durs ainsi qu'il suit :

1° *Blés à farine* : Tounsi, Hadjet, Kahla.

2° *Blés à semoule* : Mahmoud-ben-Bachir, Mahmoudi, Hebda.

Les régions où l'on rencontre les plus belles variétés de blés durs sont :

Pour la province d'Alger : les centres de Médéa, Boghari, Aumale et le Sud du département.

Pour la province d'Oran : les centres de Sidi-bel-Abbès, Tlemcen, Tiaret et le Sud oranais.

Pour la province de Constantine : les Hauts-Plateaux, comprenant les centres de Sétif, Bordj-bou-Arréridj, et enfin les régions de Bône, Guelma et Souk-Ahras.

Les blés durs de l'Afrique concurrencent facilement les blés d'Amérique et de Russie et obtiennent toujours sur ces derniers une plus-value résultant de leur qualité supérieure. Généralement, les grains sont exceptionnellement beaux, sans trace de mitadin, très indurés et proviennent de semences sélectionnées.

Le poids spécifique des blés algériens est particulièrement élevé ; les blés tendres pèsent de 76 à 80 kilos à l'hectolitre, le poids de 79 à 80 kilos est commun dans les bonnes années ; les blés durs, de 78 à 80 kilos en moyenne, atteignent parfois 86 kilos, notamment le *Tounsi*.

ORGES

En 1910, les ensemencements ont couvert une superficie de 1,383,464 hectares, ayant produit 10,605,022 quintaux. La variété d'orge la plus répandue dans la colonie est l'escourgeon d'hiver ; mais on recommande plus particulièrement l'orge du pays à six rangs ou escourgeon de printemps, l'escourgeon noir a donné de très gros rendements en certains endroits, mais ne semble pas supérieur au blanc.

Nos escourgeons ont, sur ceux de la France, l'avantage d'être suffisamment blancs pour la brasserie et enlèvent tout intérêt aux orges « chevalier » ou à deux rangs, bien moins productives et par ce fait délaissées. Les qualités européennes pèsent de 61 à 65 kilos, les poids inférieurs n'étant notés que dans les qualités indigènes.

Les orges d'Algérie, assez abondantes dans les régions du département d'Alger, se trouvent principalement dans les plaines du Chéliff et les centres de Médéa, Boghari, Aumale, Berrouaghia et le Sud.

Le département d'Oran en cultive beaucoup dans les centres de Tlemcen, Saint-Denis-du-Sig et Tiaret.

Tout le département de Constantine produit de l'orge en abondance. Les ports de Philippeville et Bône en exportent des vapeurs complets à destination des ports du Nord de la France et de l'Angleterre. Ces marchandises sont vendues en c. a f. ports de destination.

Les orges de brasserie d'Algérie sont très appréciées par suite de leurs qualités très nourries et très blanches. Les grands brasseurs du Nord de la France les achètent par grandes quantités.

AVOINE

Les plantations d'avoine ont occupé, en 1910, une superficie de 163,743 hectares, ayant donné un rendement de 1,924,455 quintaux. L'avoine est la céréale la plus rustique et la plus résistante à la sécheresse ; c'est surtout un produit d'exportation puisqu'il n'y a guère que les Européens qui l'emploient pour la nourriture des animaux.

Les belles avoines se trouvent assez abondantes dans le département d'Alger ; la plaine de la Mitidja en produit de très belles.

Dans le département d'Oran, ce sont les centres de Sidi-bel-Abbès, de Tlemcen et de Saint-Denis-du-Sig qui en fournissent le plus.

Quant au département de Constantine, ce sont les régions de Bône et Philippeville qui en produisent et en exportent de grosses quantités.

Les avoines sont vendues habituellement f. o. b. ports algériens. Le poids spécifique de l'avoine à l'hectolitre varie entre 46 et 50 kilos.

CAROUBES

Ce produit se localise dans une région bien définie, car c'est presque exclusivement Bougie et ses environs qui cultivent les caroubiers. Bon nombre de ces arbres sont aujourd'hui greffés et leurs produits peuvent presque rivaliser avec les caroubes si réputées de Chypre et de Candie. Toutefois, la plus grosse production est encore non greffée, et ces marchandises se traitent sous la dénomination de *loyales marchandes*. Les vendeurs tiennent leur prix bord Bougie. D'autres régions en produisent également ; ce sont surtout les centres de Palestro, Port-Gueydon, Cherchell, etc. Mais ces caroubes sont beaucoup moins belles que celles de Bougie, et, quoique presque toutes greffées, elles n'ont pas la valeur des premières.

PAILLES

Les pailles sont principalement exportées par les ports d'Alger et de Bône. Elles sont généralement vendues *poids* et *qualité* reconnus au départ et le paiement s'entend comptant contre documents.

On traite indifféremment pailles de blé dur, blé tendre, avoine ou orge. Les pailles du département d'Alger sont beaucoup plus blanches et longues que celles de la région de Bône. Elles sont recherchées surtout pour l'alimentation des bêtes de traits. Elles sont vendues sous la dénomination de pailles blanches longues loyales marchandes.

Celles de la région de Bône sont bien moins blanches ; elles conviennent surtout à la fabrication du papier. D'ailleurs, c'est surtout à l'Étranger qu'on les emploie. Ces pailles, ainsi que celles du département d'Alger, sont livrées en bottes comprimées à la vapeur et le poids d'une de ces bottes varie entre 60 et 70 kilos.

FOURRAGES

Comme pour les pailles, les fourrages se traitent surtout à Alger et à Bône. On les divise en trois qualités :
1° Fourrages fins, dits type Administration ;
2° Fourrages laitiers ;
3° Fourrages de commerce pour la nourriture des bêtes de somme.
Les fourrages destinés à l'exportation sont également emballés à la vapeur et en bottes comprimées à haute densité.

ANNÉES	QUANTITÉS DE CÉRÉALES, CAROUBES ET FOURRAGES EXPORTÉES D'ALGÉRIE				
	BLÉ	AVOINE	ORGE	CAROUBES	FOURRAGES
	quintaux	quintaux	quintaux	quintaux	quintaux
En 1902............	478.014	219.366	647.502	40.216	80.650
1903............	724.658	560.791	532.045	64.677	69.750
1904............	922.792	426.577	399.364	49.052	64.390
1905............	555.029	397.619	165.603	104.530	79.342
1906............	1.489.804	487.679	525.819	41.304	198.727
1907............	2.014.743	623.975	1.213.198	46.724	164.752
1908............	724.313	614.380	687.300	75.445	230.759
1909............	1.216.153	507.514	804.025	122.954	246.623
1910............	1.867.149	643.123	1.456.566	39.787	176.461

CULTURE DU TABAC

La culture du tabac convient à l'indolence naturelle des indigènes, elle ne demande pas beaucoup de travail et rapporte assez. On peut estimer la moyenne de rendement d'un hectare produisant des tabacs destinés à la Régie française à 550 francs, celles des tabacs destinés au commerce à 800 francs. La Régie n'achète que des tabacs de plaine beaucoup plus ordinaires que ceux de montagne achetés par le commerce.

Les planteurs européens cultivent à moitié avec les Arabes. Le propriétaire remet à l'Arabe le terrain après le labour ; l'Arabe sème les graines, plante les semis, fait le binage, la cueillette, l'enfilage des feuilles, le séchage et le manoquage. Le produit de la vente est partagé par moitié.

Les indigènes plantent le tabac après un labour. Ils font, à l'aide d'un morceau de bois appelé plantoir, un trou dans lequel le plant est introduit ; puis, lorsqu'il est pris, un léger binage. La plupart des planteurs font sécher le tabac à l'ombre des arbres en plein vent, ce qui est nuisible à la qualité.

La plantation moyenne annuelle varie entre 6.000 et 8,000 hectares et la production en feuilles est d'environ 50,000 à 60,000 quintaux. La culture, la cueillette, le séchage, la mise en manoques de la production de 8,000 hectares exigent le concours de 80,000 ouvriers, hommes, femmes et enfants, pendant les cinq mois de la plantation à la vente.

L'indigène vend à l'industrie la plus grosse partie de sa récolte ; il garde généralement quelques plants de tabac pour sa consommation.

Les principales régions de culture de tabacs sont :

1° La région des Issers et de toute la Kabylie, dont les centres les plus importants sont : l'Alma, les Issers, Palestro, Ménerville et Bordj-bou-Arréridj. Chaque année, pendant les mois d'août et septembre, se tient aux Issers le plus grand marché de tabacs de l'Algérie ; les produits de ces régions sont réputés ; ils donnent des tabacs légers convenant tout à fait à la fabrication des cigarettes.

2° La région de Blida, qui fournit des tabacs de Chebli, de Souma, d'Attatba, du Tombeau de la Chrétienne et de Krachenat. Cette dernière qualité, hautement estimée par les Arabes, représente les espèces en usage en Algérie avant la conquête française ; on la cultive sur le massif du Bou-Zegza-Kachemas (département d'Alger) et aussi sur le massif des Beni-Salah-Arbi (département de Constantine).

Tous les tabacs de cette région sont un peu plus lourds que les précédents et ils sont employés presque uniquement dans la fabrication du tabac haché destiné à être empaqueté.

3° La région de Bône produit des tabacs consistants, *ayant du corps* ; ils sont de couleur jaune clair ; leur goût et leur couleur permettent de les employer avec avantage dans la fabrication de certains tabacs étrangers.

On rencontre, dans ces régions, de vastes plantations de tabacs admirablement organisées ; néanmoins, les petits planteurs sont nombreux et leur nombre peut être fixé d'une façon approximative à 9,000. Aussi la culture du tabac est-elle, dans ces contrées, véritablement familiale : tout près des oueds, des séguias, des mares et des norias, des familles entières de colons ou de fellahs ont planté, multiplié les petits carrés de tabacs dont la précieuse récolte leur apporte chaque année un surcroît de bien-être.

⁎

Fabrication. — Depuis bien longtemps l'Algérie s'est occupée de la fabrication des tabacs ; c'est peut-être l'industrie la plus prospère de la Colonie. Les qualités livrées à l'exportation, tant en cigares, cigarettes ou tabacs hachés en paquets, sont irréprochables et les pays étrangers savent en reconnaître leur valeur.

Aujourd'hui, encouragés par des demandes nombreuses, les divers fabricants n'ont pas hésité à apporter à leurs installations toutes les améliorations voulues. Aussi, les plus importants d'entre eux ont-ils dû, pour atteindre ce but, adopter les machines les plus perfectionnées pour la fabrication des cigares et des cigarettes ainsi que pour l'empaquetage de ces différents produits. Nombre d'usines ont été agrandies, réorganisées et dotées d'un outillage le plus moderne. Le nombre des ouvriers et ouvrières s'élève actuellement à 7,000 environ, et les salaires quotidiens peuvent être évalués à une quinzaine de mille francs.

Les qualités de tabac recherchées par les manufactures locales sont celles récoltées en montagne, qui sont très combustibles, d'une bien moindre densité que les tabacs de plaine et qui ont force et bon goût. Au contraire, les tabacs récoltés en plaine ou irrigués sont peu combustibles, leur goût est défectueux et ils ne sont achetés que pour l'exportation, grâce à leur bon marché.

Les fabricants de notre place achètent principalement les tabacs de l'Alma et des environs appelés « Djebli » et « Khechni », des Issers, de Djendel, Attatba, Souma et Hallouya.

Les différentes espèces do tabacs employées dans la fabrication algérienne peuvent se classer comme suit :

1° Le tabac fort ;

2° Le tabac neutre pour mélanger avec ceux importés ;

3° Le tabac de choix et aromatique pour la consommation des indigènes ;

4° Le tabac clair, c'est-à-dire de couleur jaune et neutre comme goût, pour mélanger avec les tabacs d'Orient.

Les fabricants algériens livrent à la consommation locale un tabac très finement haché, uniquement composé par des feuilles indigènes ; pour l'exportation et pour satisfaire le goût des Européens en Algérie, ils emploient, dans leurs mélanges, des feuilles d'origine étrangère, dont l'importation moyenne atteint annuellement 1,400,000 kilos environ.

Les cigarettes algériennes tiennent une place très importante dans le commerce des tabacs ; elles sont connues et appréciées aujourd'hui dans presque tous les pays du monde et hautement estimées dans les colonies françaises, en Belgique, en France, en Italie, en Tunisie, etc..; cigarettes de qualité supérieure, livrées à des prix très réduits, elles concurrencent, jusque dans leurs pays d'origine, les cigarettes étrangères, et le développement de l'exportation de cet article montre qu'il devient de plus en plus un article de consommation générale ; de 3,958 quintaux en 1902, l'exportation passe à 4,154 en 1906 et à 6,981 quintaux en 1910, soit pour une valeur de 4,503,000 francs pour cette dernière année.

Les tabacs hachés, en paquets de 40 à 50 grammes, sont vendus au prix de 1 fr. 25 le kilog pour les qualités ordinaires, et de 1 fr.75 à 2 fr. 25 pour les qualités supérieures. Le prix des cigarettes, généralement emballées par 20 à la fois, varient entre 7 et 20 francs les 100 paquets, selon les qualités ; les prix s'entendent franco bord Alger, paiement à 30 jours avec escompte de 2 0/0.

ANNÉES	QUANTITÉS EXPORTÉES D'ALGÉRIE A DESTINATION					
	DE LA FRANCE			DE L'ÉTRANGER		
	Tabacs en feuilles	Cigares	Cigarettes	Tabacs en feuilles	Cigares	Cigarettes
	quintaux	cent	quintaux	quintaux	cent	quintaux
En 1902	18.644	4.993	1.070	2.647	33.323	885
1903	31.698	4.729	1.936	6.463	47.266	1.818
1904	32.094	5.525	1.046	2.036	30.598	2.131
1905	22.455	2.173	676	5.537	45.558	2.779
1906	35.500	3.369	555	10.073	47.688	3.599
1907	31.805	4.260	588	3.370	43.854	4.599
1908	14.563	774	562	3.914	33.279	4.431
1909	23.962	659	530	15.274	38.583	4.494
1910	39.344	3.270	1.006	21.944	89.381	5.975

LE COTON EN ALGÉRIE

La culture cotonnière en Algérie peut se faire dans des conditions favorables, malgré l'inconvénient qui réside dans la limitation un peu étroite impartie à la végétation par la courte durée de la période des chaleurs ; cet inconvénient que partage la majorité des grands pays cotonniers est bénin en réalité ; le choix d'une variété précoce, la sélection des graines et l'acclimatation le supprimeront comme il a été supprimé au Turkestan dans des conditions difficiles.

Dès maintenant, les plants étrangers élevés en grande culture dans certaines terres algériennes donnent des rendements égaux et même supérieurs à ceux des pays d'origine ; la qualité des fibres est équivalente.

La main-d'œuvre habile, surabondante, est peu coûteuse.

La culture sèche donne, dans plusieurs de nos régions, des résultats supérieurs à la moyenne des rendements américains ; les terres irriguées rapportent une production qui permet à nos planteurs de retirer des bénéfices possibles en comparaison des prix de revient qui sont, par le fait, moins élevés que ceux des grands pays cotonniers.

Centres.

Les principaux centres de culture du coton sont les suivants :

Département d'Alger : Orléansville, Saint-Cyprien-des-Attafs, Duperré, Affreville, la Chiffa, Montpensier, Ameur-el-Aïn, Rovigo, Sidi-Moussa, Rivet, Chebli, Attatba. Birtouta, Arbatache, Rouïba, Saint-Pierre-Saint-Paul, Ménerville, Courbet, Félix-Faure, Palestro, Tizi-Reniff, El-Adjiba. Indépendamment de ces plantations, quelques essais ont été effectués sur des échelles diverses : à Meurad, Marengo, Castiglione, Bouzaréah, Oued-el-Alleug, Bouïnan, Beni-Mered, aux Issers, Aïn-Bessem, ainsi qu'à l'École d'Agriculture de Maison-Carrée.

Département d'Oran : Saint-Denis-du-Sig, Perréganx, Ougasse et Saint-Aimé.

Département de Constantine : Oued-Marsa, Ferrouillat, Akbou, Taher, Herbillon, Philippeville, Jemmapes, Mondovi, Saint-Paul et Bône.

Il n'est pas difficile de trouver d'immenses territoires en Algérie répondant aux exigences du cotonnier, en ce qui concerne la nature et la richesse du sol. Les plaines de l'Oranie, de la Mina et de l'Habra, celle de la Mitidja, la région de Philippeville et Bône; plus au Sud, le Hodna, Barika, Biskra, El-Outaya, l'Oued-Rhir ont des terres qui, au seul point de vue de la nature physique et chimique, sont excellentes pour le cotonnier.

On cultive le cotonnier avec ou sans irrigation. La culture sèche a été constituée dans la région de Philippeville, à El-Arrouch et à Valée ; sur le littoral de la baie de Bougie, à Oued-Marsa et Taher; dans la vallée de l'Issers, à Courbet, Félix-Faure, Palestro, Tizi-R'niff ; dans la Mitidja, à Rouïba, Sidi-Moussa, Birtouta, Attatba. La culture en terre non irriguée ne peut être faite avec succès que dans les sols connus pour leur fraîcheur persistante en été. Cette culture est plus facile, moins chère, mais elle réclame, encore plus que la culture irriguée, des races bien adaptées tout en comportant nécessairement un rendement réduit.

Les économies peuvent porter sur :

1° *le semis* : main-d'œuvre, 5 francs l'hectare ;

2° *les binages* : qui peuvent se faire à la houe à cheval, plus facilement si le sol est dépourvu de sillons qui sont indispensables seulement pour l'irrigation.

Le prix de revient du kilog de coton en terre non irriguée est variable. A El-Arrouch, chez un colon, les frais se sont élevés à 200 francs par hectare, la récolte a été de 9 quintaux de Mississipi coté de 50 à 65 francs. Le prix de revient du coton net ne dépasse guère 70 centimes, tandis que les prix de vente atteignent souvent 1 fr. 40.

En terre irriguée, si on prend une moyenne des frais de culture, des rendements et des prix de vente des cotons égyptiens restés en Algérie, il est possible d'établir le prix du kilog net de fibre de 1 fr. 25 à 1 fr. 30. Ce sont les prix auxquels on arrive en Egypte pour la même marchandise.

Main-d'œuvre.

Les Arabes, qui sont un peuple essentiellement agricole, sont, malgré leur tempérament indolent, très susceptibles de fournir une excellente main-d'œuvre pour la culture du coton. On emploie en grand la main-d'œuvre féminine qui, pour la cueillette, à une dextérité et une habilité incomparables, ce qui est très appréciable, étant donné l'importance du triage des soies. Les enfants, depuis l'âge de 11 et 12 ans, sont, pour la cueillette, les meilleurs auxiliaires et arrivent à des rendements surprenants. On évalue les frais de cueillette de 7 à 18 centimes le kilo, suivant les régions.

Principales Variétés cultivées.

A la reprise de la culture du coton en Algérie, ~s colons ont principalement planté de l'*Abassi* qui en réalité est très précoce, mais dont la vente est difficile ; en effet, la consommation de l'Abassi se restreint de plus en plus et les filatures traitant cette variété se font rares, surtout en France, par suite du changement de mode, et bien que ses cotes soient plus élevées que celles du *Mitafifi*, on doit pour l'instant en abandonner sa culture.

Pour le *Georgie*, les premiers grains ont été semés dans l'Oranie et le Chéliff, mais soit en raison de l'état de richesses des terres, soit par suite de l'état hygrométrique qui, malgré une irrigation rationnelle, n'est pas portée à la valeur que rencontre ce plant dans le Nord des États-Unis et dans les Antilles ; les résultats ont été peu encourageants.

Pourtant si la région de l'Ouest n'est pas fertile pour la semence du Georgie, il ne faut pas conclure qu'il ne peut réussir dans la Mitidja, la vallée de la Soummam, les plaines de Bône et de Philippeville ou du littoral de la baie de Bône. Quelques essais, d'ailleurs, entrepris à El-Adjiba et au « Chapeau de Gendarme » ont déjà démontré que certains terrains et certaines contrées de ces régions conviennent parfaitement au Georgie et qu'il est capable de donner, dans ces conditions, de bons rendements tout à fait inconnus dans l'Oranie. .

Le *Mitafifi*, cultivé à peu près partout, a donné des résultats très avantageux et réguliers tant par les rendements que par la qualité de la fibre. Certains échantillons, en effet, présentés en filature, ont été trouvés d'une finesse difficile à rencontrer actuellement dans les Mitafifi d'Egypte. Cela tient évidemment à l'excellence des conditions de végétation que ce plant rencontre dans nos vastes plaines de l'Ouest, trop peu cultivées pour que leur richesse soit affaiblie, et à la dégénérescense reconnue des cultures du Delta, où les terres inconsidérément plantées en coton, sans souci de la loi de rotation dans les assolements, finissent par s'épuiser, en dépit des apports du limon du Nil.

On peut conclure que le Mitafifi sera très vraisemblablement la variété de l'avenir de l'Algérie, dont la réussite, sur tous les points de la Colonie, ne fait aucun doute.

En dehors du Mitafifi, le *Yanovitch* a encore tenu une certaine place dans les plantations du Chéliff, de l'Habra et du Sig. Dans le Chéliff il s'est montré inférieur au Mitafifi par suite des conditions du terrain qui ne lui étaient pas favorables ; au contraire, à l'Habra et à Saint-Denis-du-Sig, il a donné de brillants résultats.

En culture sèche, les différents genres de Mississipi ont été également essayés à El-Arrouch, sur une étendue de 4 hectares ; ils ont donné d'excellents résultats.

Il faut encore citer le *Caraconica* (coton d'Asie-Mineure), semé en minime quantité aux environs d'Alger, à Oran, à Orléansville, généralement avec un retard considérable ; cette variété fleurit assez abondamment et fructifie parfaitement.

Les essais de semences de coton du Levant n'ont pas été satisfaisants au point de vue germinatif ; d'autre part, les pieds qui se sont développés de ci de là n'ont pas paru plus résistants à la sécheresse que ceux du Mitafifi qui les avoisinaient. Vu le peu de valeur de la fibre, cette variété n'intéresse pas pour l'instant les planteurs algériens jusqu'au jour où une expérience quelconque aura révélé sa faculté d'amélioration par l'effet d'une culture perfectionnée.

Certaines variétés indiennes pourraient être utilement expérimentées en vue de la culture non irriguée. A Coléa, en terrain sec, des essais furent faits en 1906 et se développèrent, malgré l'absence de soins, d'une façon remarquable. Le coton bien blanc, ainsi produit, ressemble à s'y méprendre à première vue au Mitafifi.

Utilisation des Graines.

La valeur alimentaire de la graine de coton est considérable et les frais d'égrenage doivent être payés au delà par l'utilisation des graines sur place. L'huile de coton trouve un débouché dans la Colonie qui importe 100,000 hectolitres d'huile de graines, le tourteau de coton est un précieux aliment quand il est simplement pressé.

La vente à 12 et 14 francs les 100 kilos pour l'exportation est une opération bien moins avantageuse que l'utilisation sur place.

Le mélange des graines en diminue de beaucoup leur valeur.

Le Mitafifi est facile à reconnaitre à sa bourre teintée, tandis que l'Abassi et le Yanovitch sont d'un beau blanc.

Il serait très important de purifier les grains et de semer séparément ces variétés qui ont des tempéraments assez différents. Pour cela, un moyen très simple consisterait à choisir au moment de la cueillette quelques ouvriers intelligents et préparés qui, payés à la journée, choisiraient les belles capsules de la variété déterminée pour les semis ultérieurs.

Rendement.

Les variétés actuellement cultivées sous les noms de Mitafifi, Yanovitch et Abassi donnent, comme en Egypte, des rendements supérieurs.

Voici quelques exemples de rendement des cotons plantés dans nos régions :

VILLES	NATURE	RENDEMENT A L'HECTARE
Orléansville	Mitafifi	25 quintaux.
En Oranie................	Yanovitch	15 —
Au Domaine de l'Habra..	Yanovitch	15 —
—	Abassi	17 —
—	Mitafifi	17 —
Bône	Yanovitch	15 —
La Chiffa........	Mitafifi	12 —
Attatba	Mitafifi	15
El-Arrouch.	Mississipi et Mitafifi	10 —

En un mot, les résultats obtenus sont satisfaisants et démontrent la possibilité de la culture industrielle du coton.

En culture irriguée, le minimum de rendement brut à l'hectare a normalement atteint 1,200 kilos et dans la plaine du Chéliff, on a enregistré, notamment en 1907, sur plusieurs dizaines d'hectares, une production de 2,500 kilos.

En culture sèche, dans les régions de Bône et de Philippeville, on a obtenu jusqu'à 1,100 kilos à l'hectare ; les rendements de 800 à 900 kilos sont courants.

D'une façon générale on peut tabler, dès maintenant, sur un rendement moyen de 1,500 kilos à l'hectare, pour l'ensemble des régions d'Algérie où la culture du coton est possible, c'est-à-dire sur tout le littoral et sur de nombreux points de la zone avoisinante.

La culture du coton renait dans la Colonie; elle fait des progrès constants et la confiance a naturellement reparu chez les plus timorés.

Dans la région d'Orléansville, on se propose, dès l'an prochain, d'étendre encore cette culture qui passera alors, dans notre région, de 52 hectares plantés en 1909-1910, à 410 hectares se décomposant comme suit :

Superficies cultivées........	380 hectares.
Recépages	30 —
Soit..........	410 hectares.

Pour terminer, nous ajouterons que la « Société Cotonnière Coopérative », créée à Orléansville, fonctionne régulièrement. Après avoir augmenté son matériel d'égrenage de quatre machines nouvelles, ce qui porte à sept égreneuses l'outillage actuel, elle fait actuellement construire, pour l'utilisation des graines de coton, une huilerie qui sera en mesure de fabriquer dès le mois prochain.

LE LIÈGE

C'est sur une partie du littoral Nord de l'Afrique que le chêne-liège croît spontanément. Il constitue les principaux massifs forestiers du Maroc, de l'Algérie et de la Tunisie.

En Algérie, les plus grands centres de culture se trouvent dans le département de Constantine, et comprennent : Bougie, Djidjelli, El-Milia, Collo, les environs de Philippeville et de Jemmapes, Bône, Guelma, Souk-Ahras et La Calle.

Il existe dans l'arrondissement de Philippeville plus de 200,000 hectares de forêts naturelles de chênes, dont l'exploitation alimente un courant d'exportation important de lièges bruts et d'écorces à tan. Ces produits s'écoulent par Philippeville et par Collo. Le premier de ces ports expédie les lièges de Valée, de Jemmapes et une partie de ceux de la forêt d'Oudina, près Collo. Le surplus de la production de cette forêt est exporté par Collo, qui embarque également les lièges provenant des belles forêts de Bessombourg et de Chéraïa.

A l'Ouest du département d'Alger et jusqu'à la Grande Kabylie, il se trouve également, mais en petit nombre et par places, dans les forêts de Ténès, Mouzaïa, Miliana, l'Alma et Aumale.

Le chêne-liège est rare en Oranie, où il se rencontre que dans la région de Tlemcen, en très petite quantité, aux environs de Mascara et près d'Oran : à Bou-Sfer, Bou-Tlélis, Misserghin et El-Ançor.

Les forêts de chêne-liège constituent pour l'Algérie une richesse naturelle inappréciable et leur exploitation rationnelle prend, depuis quelques années, une importance croissante.

En 1890, les quantités de liège importées, tant à destination de la Métropole que de l'Étranger s'élevaient à 94,327 quintaux, pour atteindre, en 1910, le chiffre total de 310,376 quintaux.

L'essor de l'exportation du liège est surtout remarquable par la demande de l'Étranger. Les principaux acheteurs de l'Algérie sont : la Russie, l'Allemagne, l'Autriche, la Belgique, les Pays-Bas, l'Espagne et les États-Unis.

****

Les lièges se vendent bruts ou préparés ; l'outillage pour leur préparation est remarquablement bien organisé en Algérie. En effet, il existe à Alger, Bougie, Philippeville et Djidjelli, des industriels qui se livrent spécialement aux opérations du bouillage, du raclage, du classement et de la mise en balles.

L'État ainsi qu'une partie des particuliers vendent leur liège brut.

Les lièges d'Algérie peuvent être achetés en toute confiance, leur qualité est irréprochable, il est bien classé et de formes régulières. Les commandes sont livrées conformément aux échantillons et les conditions de vente sont exceptionnelles.

****

L'industrie bouchonnière n'est pas d'une très grande importance dans la Colonie ; on trouve des fabriques de bouchons à Alger, Oran, Bougie, Djidjelli, Collo, Philippeville, Bône, La Calle et Constantine ; toute leur fabrication est vendue sur place.

Le liège mâle et les déchets de liège, autrefois sans utilité, sont aujourd'hui très recherchés. Les principaux acheteurs sont : l'Angleterre et l'Allemagne.

****

L'embarquement du liège destiné à l'exportation s'effectue par les ports d'Alger, Oran, Boûgie, Philippeville et Bône.

ANNÉES	QUANTITÉS EXPORTÉES D'ALGÉRIE À DESTINATION	
	DE LA FRANCE	DE L'ÉTRANGER
En 1902	30.191 quintaux	40.589 quintaux
1903	70.160 —	107.501 —
1904	66.516 —	188.701 —
1905	79.866 —	161.645 —
1906	67.371 —	192.399
1907	81.892 —	223.988 —
1908	93.306 —	182.592 —
1909	85.835 —	167.275 —
1910	80.986 —	229.390 —

LAINES

De tout temps l'Afrique du Nord, habitée par des tribus nomades, riches en troupeaux de moutons, a été un pays de production de laine. Au moyen-âge, dans les traités des puissances maritimes de la Méditerranée avec les États barbaresques, la laine figure comme un

MARCHÉ DANS LE SUD   Cliché Fred. Lung

des principaux articles d'exportation. Il est admis depuis longtemps que des plateaux de l'Atlas sont sorties à l'origine les belles races de moutons qui, importées en Espagne par les Maures, créèrent plus tard la race des « mérinos » devenus si célèbres.

Il y a dans notre contrée deux qualités de laines bien distinctes et communes aux trois départements de l'Algérie :

1° Les laines des Hauts-Plateaux et du Tell, les colons ou moutonnières indigènes provenant de la tonte des moutons d'exportation et de celle des propriétaires éleveurs des régions de Boghari, Chellala, Médéa, Aumale, Vialar, Tiaret, Relizane, Constantine, etc..., qui sont légères, blanches et généralement fines, dont le rendement en *lavé à fond* peut être évalué entre 40 à 45 p. 0/0 suivant propreté ;

2° Les laines du Sud, provenant de la tonte des troupeaux indigè-

nes, plus ou moins lourdes, sablonneuses, généralement plus fines que les précédentes ; leur rendement en lavées est de 32 à 36 p. 0/0, suivant les années et les soins apportés au moment de la tonte.

Les laines du département d'Alger, de qualité légère, sont connues sous les dénominations de colons et du Tell. Les provenances de Médéa, Boghari, Chellala, Aumale, etc..., sont particulièrement recherchées tant pour leur blancheur que pour leur régularité et leur finesse et aussi à cause de leur rendement de 40 à 45 p. 0/0 en *lavé à fond*, lavage de fabrique. Les laines du Sud, les Djelfa, les Laghouat, les Bou-Saâda sont aussi très appréciées.

Les laines du département de Constantine, surtout les Abdenours, les colons des environs de Sétif et de toute cette région sont un peu plus légères et plus fines, lorsqu'elles ne sont pas mélangées avec des laines d'autres régions, que la qualité moyenne des « Alger ». Leur rendement atteint quelquefois de 44 à 46 p. 0/0 et les toisons grossières que l'on peut classer séparément sont très recherchées pour la matelasserie (région de Bône, Souk-Ahras et Constantine) ; elles sont à longues mèches, nerveuses et bouffantes.

Les laines du Sud, région de Biskra, Touggourt, sont à peu près identiques comme qualité et rendement à celle du département d'Alger.

Dans le département d'Oran, à part les laines du Tell qui sont légères, les qualités colons sont moins régulières et moins fines que celles d'Alger ou de Constantine ; elles sont plus communes, car, en général, les moutonniers de ce département achètent une grande partie de leurs ovins sur la frontière marocaine et dans la région où la laine est considérée comme commune pour la matelasserie, sauf toutefois Tiaret qui produit pas mal de laines fines. Les laines du Sud, celles de Géryville, Méchéria et Bedeau, sont de bonnes qualités.

Nos laines, que l'on appelle dans l'industrie textile les « Afrique », sont achetées par grandes quantités par les centres lainiers de la France, principalement par Roubaix et Tourcoing.

Les principaux acheteurs de l'Étranger sont l'Allemagne, l'Italie, la Belgique et les Pays-Bas.

MARCHÉ DANS LE SUD : BOGHARI
Cliché Fred. Lung.

Les laines pour l'exportation transitent par les ports d'Alger, Oran, Bône, Bougie et Philippeville.

ANNÉES	QUANTITÉS EXPORTÉES D'ALGÉRIE (1) A DESTINATION	
	DE LA FRANCE	DE L'ÉTRANGER
En 1902	19.714 quintaux	1.078 —
1903	70.618 —	5.075 —
1904	92.706 —	4.901 —
1905	90.982 —	10.727 —
1906	108.155 —	13.753 —
1907	104.509 —	15.880 —
1908	68.039 —	5.595 —
1909	114.918 —	8.322 —
1910	89.649 —	9.033 —

(1) Pour le port d'Alger, voir page 16.

LES MINERAIS

L'Algérie renferme de nombreux gisements qui se trouvent principalement dans le département de Constantine ; ces gisements comprennent du fer, du plomb, du zinc, du cuivre, de l'antimoine, du mercure, du manganèse, de l'arsenic ; mais c'est surtout le fer, le plomb, le cuivre et le zinc qui sont exploités et donnent lieu à un mouvement commercial important.

Les gîtes ferrugineux sont très nombreux ; ils sont constitués soit par des hématites, soit par des filons marneux où le fer se trouve associé au cuivre et au zinc, soit par des associations de fer oxydulé et d'hématites rouges.

Les minerais de fer algériens sont, pour la plus grande partie, exportés sur l'Étranger, la France n'en important qu'une quantité relativement faible. L'Angleterre et les Pays-Bas sont nos meilleurs clients ; quelques milliers de tonnes sont absorbées par la Belgique, l'Allemagne, les États-Unis et l'Autriche-Hongrie.

Les minerais de zinc, avec un tonnage dix fois moindre que ceux de fer, ont une valeur d'exportation supérieure, leur production s'ac-

ALGER : LE TRANSBORDEUR A MINERAI INSTALLÉ A L'ARRIÈRE-PORT DE L'AGHA

croît d'année en année, les mines en exploitation devenant de plus en plus nombreuses.

En dehors de la France, dont la part atteint le sixième environ de l'exportation totale, les minerais de zinc sont presque exclusivement dirigés sur la Belgique. L'Algérie occupe une place importante dans l'importation des minerais de zinc de ce dernier pays, qui est, comme on le sait, un des principaux producteurs de ce métal dans le monde entier. Le reste de la production est dirigé sur l'Angleterre, l'Allemagne et l'Italie.

La moitié de l'exportation des minerais de plomb et de cuivre se dirige vers l'Étranger, l'autre moitié est expédiée en France. Les

LE « GRANGESBERG » AMÉNAGÉ SPÉCIALEMENT POUR LE TRANSPORT
DES MINERAIS (10,000 TONNES)

minerais de plomb sont absorbés, par ordre d'importance : par la France, la Belgique, l'Espagne, la Grèce et l'Allemagne ; le cuivre : par la France, les États-Unis et la Belgique.

❧

MINES

Le nombre des concessions existant actuellement en Algérie est de 94, se répartissant de la façon suivante :

Département d'Oran.............. 10, dont 3 inexploitées.
    —   d'Alger.............. 23   — 17   —
    —   de Constantine....... 61   — 24   —

Voici, d'autre part, les quantités extraites et la valeur des produits sur les lieux d'extraction pour l'année 1909 :

	QUANTITÉS EXTRAITES	VALEURS
Département d'Oran........	202.776 tonnes.	1.185.749 fr.
— d'Alger........	16.405 —	792.075 —
— de Constantine.	119.274 —	7.897.710 —
	338.455 tonnes.	9.875.534 fr.

MINIÈRES

Oran. — La principale minière du département d'Oran est Beni-Saf ; elle continue à être exploitée d'une façon active. Sa production, en 1909, a été de 342,302 tonnes, représentant une valeur de 4,182,930 francs.

La minière de Kristel a produit 62,966 tonnes, d'une valeur de 440,762 francs.

Alger. — Les minières en exploitation dans ce département sont au nombre de huit ; elles ont produit, en 1909, les quantités suivantes de minerais :

Minières du Djebel-Hadid. .... 78.073 tonnes.
    —   de Temoulga..................... 5.645   —
    —   d'Oued-Rouïna.................. 72.210   —
    —   du Zaccar..................... 102.013   —
    —   d'Aïn-Sadouna.................. 1.500   —
    —   d'Oued-Djer.................... 859   —
    —   de Bouïnan..................... 4.902   —
    —   d'Aïn-Oudrer................... 43.954   —

Constantine. — L'exploitation de la minière de la Maraouania continue activement ; on peut évaluer sa production annuelle à environ 85,000 tonnes.

Les principaux ports exportateurs de minerais sont Alger, Beni-Saf, Bône, Bougie, Arzew, Philippeville et Honaïne.

ANNÉES	QUANTITÉS DE MINERAIS DE FER, ZINC, PLOMB ET CUIVRE EXPORTÉS D'ALGÉRIE (1) A DESTINATION							
	DE LA FRANCE				DE L'ÉTRANGER			
	Fer	Zinc	Plomb	Cuivre	Fer	Zinc	Plomb	Cuivre
	tonnes.	tonnes.	tonnes.	tonnes.	tonnes.	tonnes.	tonnes.	tonnes.
En 1902	19.439	1.620	6	552	235.745	13.228	6.060	»
1903	44.730	5.529	371	407	496.398	36.727	4.365	540
1904	47.550	7.983	659	1.088	448.103	41.987	4.152	195
1905	56.273	11.465	5.420	306	523.221	46.676	4.456	4.169
1906	55.022	13.098	7.945	759	700.255	56.636	6.310	3.975
1907	65.366	10.447	7.206	157	836.085	68.504	13.775	6.580
1908	20.639	12.581	16.688	3.616	811.262	65.720	8.042	833
1909	22.150	6.935	13.396	4.602	823.894	64.798	4.286	183
1910	28.135	8.702	11.107	4.358	1.024.702	58.698	2.378	99

(1) Pour le port d'Alger, voir page 16.

PHOSPHATES

Les exploitations de phosphates de chaux se trouvent toutes dans le département de Constantine, principalement dans la région de Tébessa et leurs ports d'exportation sont : Bougie et surtout Bône.

Les exploitations d'Aïn-Kissa et Dibba, qui appartiennent à la « Société Française des Phosphates de Tébessa », sont situées à 7 kilomètres environ de Tébessa ; elles extrayent le phosphate contenu dans les contreforts du Djebel-Dyr.

Les gisements de Bordj-R'dir sont situés à proximité du village de ce nom et dans la commune mixte des Maàdid. Ils sont exploités par la « Compagnie Centrale des Phosphates », laquelle amène le minerai en gare d'El-Anacer-Galbois au moyen d'un câble aérien, de 17 kilomètres de longueur.

La production ne dépasse pas 20,000 tonnes ; elle est exportée par le port de Bougie.

Le gisement du Dyr-Nord, situé dans la commune mixte de Morsott, est compris dans la partie du Nord du plateau de Djebel-Dyr, à 21 kilomètres au Nord-Ouest de Tébessa, près de la frontière tunisienne. L'amodiataire est M. Germain, expert-comptable à Paris.

La teneur des phosphates de Dyr-Nord varie entre 65 à 70 p. 0/0.

Le Djebel-Kouif, la plus importante des exploitations algériennes de phosphates, se trouve au Nord-Est de Tébessa. Le calcaire phosphaté du Kouif, grisâtre au moment de l'extraction, blanchit au contact de l'air ; il titre de 58 à 66 p. 0/0 de phosphate tribasique. Ce gisement appartient à la Compagnie anglaise « The Constantine Phosphate Cⁱ Limited ».

Un chemin de fer de 27 kilomètres, relié directement à la voie du

CONSTANTINE : VUE GÉNÉRALE   Cliché A. Berthoud.

Bône-Guelma à Tébessa, relie le Djebel-Kouif à cette ville. C'est de là que le phosphate prend la direction de Souk-Ahras, d'où il transborde pour Bône, où il est embarqué.

Les gisements de Tocqueville (commune mixte des Rhira), exploités par la « Compagnie Algérienne des Phosphates », sont situés : partie en propriété privée, partie en terrains domaniaux et se trouvent à 38 kilomètres au Sud-Ouest de Sétif. Les minerais sont amenés en gare de Tixter par un chemin de fer de 14 kilomètres de longueur à voie de 60 centimètres. Le port d'embarquement est Bougie.

La teneur moyenne des phosphates de Tocqueville est de 58 à 60 p. 0/0.

BOUGIE : L'EMBARQUEMENT DES PHOSPHATES
Cliché A. Berthoud

Une société pour l'exploitation de gisements de phosphates de chaux dans la commune mixte des Maâdid est actuellement en voie de se former. Elle aurait pour titre « Société des Phosphates des Maâdid ».

Une autre société, dite « Compagnie des Phosphates de M'zaïta », vient de se constituer en vue de l'exploitation des gisements de phosphates du M'zaïta, situés dans la commune mixte des Maâdid, entre Bordj-bou-Arréridj et Sétif et à 12 kilomètres environ au Sud de la ligne ferrée d'Alger à Constantine.

Les phosphates du M'zaïta donnent des teneurs variant de 63 à 70 0/0. Lorsqu'ils seront exploités, l'évacuation des minerais pourra s'effectuer par un câble aérien vers la station d'Aïn-Tassera, ligne d'Alger à Constantine. Le phosphate gagnera ensuite par voie de fer le port de Bougie, où il sera embarqué.

L'exploitation du gisement du Dyr-Sud, qui est la propriété de la « Compagnie des Phosphates du Dyr », est arrêté depuis le début de 1909, par suite de la baisse des cours des phosphates provoquée par la concurrence américaine.

ANNÉES	QUANTITÉS DE PHOSPHATES NATURELS EXPORTÉS D'ALGÉRIE A DESTINATION	
	DE LA FRANCE	DE L'ÉTRANGER
En 1902	46.815 tonnes	81.581 —
1903	70.226 —	238.485 —
1904	68.617 —	266.191 —
1905	72.049 —	276.027 —
1906	66.265 —	257.080 —
1907	78.814 —	265.761 —
1908	84.762 —	280.780 —
1909	40.080 —	293.360 —
1910	37.524 —	279.810 —

FRUITS ET PRIMEURS

L'exportation des fruits et primeurs a pris, depuis quelques années, une extension considérable ; c'est là, pour l'Algérie, une source certaine de richesse qu'il importe de ne pas négliger. En effet, la culture maraîchère, et plus particulièrement la production des primeurs, constitue une branche prospère de l'agriculture algérienne.

LÉGUMES

Dans le département d'Alger, la culture des légumes s'étend sur tout le littoral, à l'Est et à l'Ouest d'Alger, depuis Aïn-Taya jusqu'à Castiglione, soit sur une étendue approximative de 60 kilomètres.

La culture de l'*Artichaut* reste localisée entre Aïn-Taya et Maison-Carrée, où les marnes argileuses abondent et se prêtent à cette culture.

Le *Haricot*, dont la culture est délicate, est semé depuis Hussein-Dey jusqu'à Castiglione, dans des terrains sablonneux mélangés de schistes calcaireux ; il est bien abrité contre les vents de Nord-Ouest, qui dominent dans ces régions, par des haies en roseaux ou des palissades de sarments de vigne.

Le haricot est cultivé en vert au printemps et à l'automne ; le *Petit Pois*, de novembre à mars ; ces légumes constituent une culture lucrative : si la saison est favorable, ils peuvent donner jusqu'à 50 quintaux à l'hectare. Ils exigent un emballage soigné et doivent être consommés au plus tard dans les huit jours qui suivent la cueillette.

L'artichaut violet de Provence, cultivé à Aïn-Taya, Fort-de-l'Eau, Maison-Carrée, donne une moyenne de 45,000 capitules par hectare ; c'est le moins délicat de tous les légumes frais et il est facile à cultiver ; il supporte plus longuement les délais de route et son emballage est rudimentaire.

La *Tomate* est surtout cultivée en automne dans la région de Guyotville, du Cap-Caxine, des Bains-Romains ; elle est expédiée emballée en caissettes de 2 à 5 kilos ; les caisses de 10 kilos et les cagettes ne sont guère usitées. Sa culture est très délicate, mais la progression de l'exportation depuis quelques années, indique qu'elle doit laisser d'appréciables bénéfices aux cultivateurs.

Les *Fèves, Courgettes, Aubergines, Patissons* sont aussi cultivés pour primeurs, mais en quantités beaucoup moins importantes. Ils ne vont guère plus loin que Marseille et pendant un laps de temps assez court.

POMMES DE TERRE

Les variétés qui peuvent être utilisées en Algérie sont très nombreuses ; on recherche naturellement celles qui sont à la fois les plus hâtives et les plus productives, tout en convenant au goût du consommateur. Les pommes de terre de primeur appartiennent toutes au groupe des pommes de terre dites de Hollande, qui répond bien aux exigences de l'acheteur qui veut des tubercules de forme allongée, à chair blanche et à peau jaune : Brandale, Marjolin, Kidney, Belle de Fontenoy, variété moins productive, mais plus précoce, etc. Les semences sont prises dans le Nord de la France, pour la plupart des variétés, et en Seine-et-Oise pour la Belle de Fontenoy. Ces semences sont plantées de février à mai pour être multipliées, et c'est avec le produit de cette culture que l'on fait les plantations en vue de la production des primeurs pour la vente.

En Algérie, on plante surtout la Kidney et la Marjolin. Cette dernière variété semble l'idéal rêvé pour être cultivée en primeur. La finesse de sa peau est telle qu'elle peut s'enlever facilement avec le doigt ou rien que par le frottement. A cette qualité se joint un goût parfait et, comme sa conservation est excellente, que sa forme est allongée, comme celle de la Kidney, sa végétation assez rapide la distingue comme étant susceptible de produire, au point de vue qualité surtout, les meilleurs résultats.

Trois triages sont faits par grosseur : les gros tubercules sont expédiés, soit à Marseille, soit en Angleterre ; les moyens conviennent à la consommation parisienne, à la Belgique et à l'Allemagne, et les petits, au Midi de la France.

Les expéditions de pommes de terre commencent à partir de fin novembre pour atteindre leur maximum vers février-mars et finir, selon les années, en mai et même en juin ; c'est-à-dire lorsque

l'apparition des produits du Midi et de l'Espagne rend la concurrence impossible.

Le rendement moyen en Algérie en bonne culture primeur est de trois à quatre fois la semence. Pour la culture de printemps qui exige l'arrosage, on peut arriver à un rendement de 50 à 80 quintaux à l'hectare ; en terre non arrosée, en année favorable, la récolte est en moyenne de 50 à 60 quintaux à l'hectare.

L'expédition se fait généralement en barils de 100 à 150 kilogrammes pour la France et en caisses de 20 à 25 kilos pour l'Angleterre et l'Allemagne.

RAISINS DE TABLE

C'est principalement à l'Ouest d'Alger, dans les régions de Guyotville, Staouéli, Zéralda, et Castiglione et sur les pentes du Sahel, Chéragas, Saint-Ferdinand que l'on cultive le raisin précoce destiné à l'exportation.

Ces régions (Chéragas excepté) ont des terres silico-calcaires, très légères, perméables, abritées contre les vents par des haies. Ces dernières ont encore le grand avantage de retenir les rayons caloriques et forment ainsi des serres qui permettent au raisin de mûrir dès les derniers jours de juin.

Le cépage qui donne le meilleur résultat est le chasselas de Fontainebleau et ses cultures s'étendent sur un peu plus de 1,100 hectares, donnant en moyenne une production approximative de 90,000 quintaux.

Le chasselas revient en moyenne, au viticulteur, à 15 ou 16 francs le quintal et les prix de vente à la culture ont atteint, jusqu'à ces dernières années, de 18 à 25 francs, selon les régions et la maturité. En fixant la moyenne des prix de vente à 20 francs, on ne doit pas être au-dessous de la vérité, c'est donc un bénéfice net de 5 francs par quintal au minimum qui revient au viticulteur.

Le raisin de Guyotville et des environs s'expédie un peu partout.

Le chasselas s'expédie en caissettes de 1, 2, 3, 4 et 5 kilos réunies mais les deux grands pays de consommation sont surtout la France et l'Allemagne.

en fardeaux par 5, 3 ou 2 caissettes. L'emballage est extrêmement délicat et demande des ouvrières très habiles, payées, pour le moins, entre 4 fr. 50 et 5 fr. 50 par jour.

Le Syndicat Agricole de Staouëli (département d'Alger) comprenant plus de cent membres à peu près tous viticulteurs et expéditeurs directs de chasselas, fournit à ce sujet tous les renseignements qu'on veut bien lui demander.

ORANGES ET MANDARINES

La culture de ces fruits est localisée dans les communes de Blida et Boufarik, car le voisinage immédiat du littoral ne lui convient pas.

La mandarine arrive à maturité dès les premiers jours de novembre ; l'orange, vers la même époque. Les oranges et mandarines de notre région ont une saveur particulière, bien connue de nos gourmets parisiens, bien colorés, d'un parfum des plus agréables, excessivement douce dès le début ; nos fruits obtiennent une plus-value des plus appréciables sur ses concurrents les plus redoutables : les fruits espagnols.

La culture en est lucrative et on estime à environ 1,200 francs l'hectare, le rapport annuel moyen des orangeries.

ANNÉES	QUANTITES EXPORTÉES D'ALGÉRIE [1]					
	CITRONS, ORANGES ET MANDARINES	RAISINS DE TABLE	ARTICHAUTS	HARICOTS VERTS	PETITS POIS	TOMATES	POMMES DE TERRE
	quintaux	quintaux	quintaux	quintaux	quintaux	quintaux	quintaux
En 1902.	42.224	39.000	40.681	26.263	20.484	14.535	157.710
1903.	82.416	49.524	41.946	25.473	22.636	12.803	166.971
1904.	52.579	44.432	36.312	6.699	7.868	5.223	148.246
1905.	68.965	61.047	45.645	32.315	11.142	11.135	100.795
1906.	80.575	68.713	54.274	32.193	12.043	15.383	117.293
1907.	59.467	74.796	67.464	36.554	23.764	30.226	94.611
1908.	101.441	94.741	69.387	24.920	21.934	25.563	117.663
1909.	101.254	80.789	92.808	22.294	25.584	31.504	144.032
1910.	130.495	91.577	93.373	32.037	31.348	54.535	225.463

1. Pour le port d'Alger, voir page 16.

LES ARTS ORIENTAUX

Les aptitudes artistiques des musulmans de l'Afrique du Nord sont connues du monde entier et, depuis quelques années, on s'applique à donner dans toute l'Algérie une impulsion encore plus grande à la renaissance des arts orientaux.

Les principaux arts comprenant plus particulièrement les femmes sont : les fabrications de dentelles, de broderies et de tapis. Les hommes se distinguent surtout dans la fabrication des céramiques d'art, la sculpture sur bois, l'incrustation en nacre et métaux précieux et, enfin, la bijouterie indigène.

LES TAPIS

Dans les trois départements algériens, on compte, outre les fabriques de tapis, écoles professionnelles et ouvroirs indigènes, une vingtaine d'établissements environ, qui consomment annuellement en moyenne 57,000 kilos de laines filées ou teintes.

Les tapis algériens sont de plusieurs sortes. A côté des tapis de haute laine qui prennent le nom de *freschia*, quand ils sont de très grandes dimensions, de *zerbia*, lorsqu'ils sont plus réduits, on trouve des tapis ras : les *gembel*, de 2 à 3 mètres de haut et parfois de 15 à 20 mètres de long ; les *guétif*, les *mattrah* et les *djellal*, qui servent aux différents usages des indigènes.

Le peu de temps nécessaire à la fabrication des tapis sur mesure et la rapidité des communications entre Alger et Anvers donne à nos fabriques algériennes un avantage incontestable sur les manufactures de la Turquie d'Asie pour l'exécution et le transport des tapis de même genre, et l'on peut dire qu'à qualités égales, le prix de revient des tapis algériens, est très inférieur à celui des tapis turcs ; ils sont, d'autre part, remarquables par la résistance de leurs coloris et par leur solidité.

***

LA CÉRAMIQUE

De tout temps, la céramique a tenu, parmi les arts musulmans, une place importante.

Les prodigieux architectes qui répandirent leur art jusqu'en Occident et dotèrent les pays d'Orient de mosquées merveilleuses et de fastueux palais, firent, des arts du feu, une judicieuse adaptation en harmonie avec le génie de leur race, l'ardente lumière des ciels limpides et la richesse des paysages.

Mais, depuis longtemps, la prospérité de cet art s'était ralentie, pour mourir presque complètement dans les pays du Nord de l'Afrique. Quelques vestiges se trouvent bien encore en Algérie et en Tunisie, mais, sous le joug des Turcs, la race des artisans s'est éteinte et la transmission des pratiques de leur art s'est interrompue.

Cependant, le goût remarquable et l'aptitude spéciale des musulmans pour la décoration, demeuraient latents chez un peuple voué par nature et par fanatisme, au culte de la tradition. Aussi, une rénovation était-elle possible.

Pour cela, il fallait reprendre l'éducation des indigènes, réveiller en eux le sens et le goût des œuvres d'art, en un mot, renouer le présent au passé endormi, presque mort.

Sous des efforts opiniâtres et grâce à une persévérante action des premiers céramistes qui vinrent s'installer en Algérie, les indigènes se reprirent à aimer et à pratiquer l'industrie chère à leurs ancêtres.

Les indigènes, en effet, ont conservé ce sentiment spécial qui leur permet de comprendre, d'apprécier et d'interpréter la décoration sous un jour tout différent du nôtre. Ils possèdent, comme leurs prédécesseurs, ce goût délicat de l'ornement, de l'assemblage et de l'harmonie des tons. Habiles à tourner des vases aux formes originales, décorateurs ingénieux et féconds, coloristes puissants, ils paraissent aptes à faire refleurir les arts anciens et à reconstituer cet essaim d'artisans remarquables qui nous ont légué tant d'œuvres admirables.

L'impulsion forte et intelligente donnée à cette branche intéres-

CHARLES LANGLOIS, CÉRAMISTE ORIENTALISTE, RUE-CRAMPEL, ALGER

Cliché Eichacker.

sante de l'industrie orientale, ainsi que les résultats surprenants obtenus, rendent vraisemblable l'espoir de la renaissance d'un art convenant si bien aux mœurs, à l'imagination et aux aptitutudes décoratives des musulmans. D'ailleurs, les productions se multiplient : revêtements aux arabesques entrelacées, panneaux artistiques, vases, objets divers, nous donnent la mesure de l'œuvre accomplie et permettent d'entrevoir, dans un avenir bien proche, une extension plus grande de cette riche industrie.

****

Dans une des galeries du Musée de Cluny se trouve une remarquable collection d'anciennes céramiques orientales ; et c'est une surprise, une révélation pour nous, modernes, façonnés à la joliesse de nos porcelaines, accoutumés que nous sommes à leurs mièvreries décoratives.

Ici, le contraste est frappant : aux préciosités décadentes s'oppose un art ferme, une plastique robuste, mais non sans galbe, une ampleur parfois magistrale ; la libre fantaisie s'affirme autant que la franchise des mouvements, complétée par la richesse exubérante des couleurs ou la grave beauté de tonalités austères.

C'est une joie pour les regards

CHARLES LANGLOIS, CÉRAMISTE ORIENTALISTE, RUE CRAMPEL ALGER
Cliché Eichacker.

que ces lustrés métalliques, calmes ou chatoyants, selon l'angle de vision, ces discrets scintillements, ces reflets d'or fauve. L'œil charmé suit les volutes du feuillage ; observe, au sommet des tiges graciles, l'épanouissement de l'œillet, de la rose et de la tulipe ; s'amuse aux courbes des rinceaux fleuris, se perd dans une profusion d'arborescences stylisées et d'entrelacs énigmatiques.

Quelle heureuse époque — déjà lointaine - où tant de génies originaux manifestèrent leur personnalité, et dont les créations, si raréfiées aujourd'hui, vont enrichir les musées et les salons d'amateurs fortunés.... C'est que la race de ces artisans s'est éteinte, que les traditions sont perdues ; et cela est profondément regrettable. Aussi, un artiste convaincu voulut-il tenter la rénovation de la céramique musulmane. M. Charles Langlois, dont le savoir scientifique est considérable et qui est, de plus, un chimiste de valeur, a pu retrouver les anciens procédés, grâce à combien d'efforts soutenus ?

Il est parvenu à restaurer cet art dans toute sa pureté primitive ; mais en recherchant, pour appliquer sa technique, les plus beaux modèles du passé, particulièrement les persans et les hispano-moresques : l'imitation en est admirable.

Or, l'originalité de sa tentative consiste surtout dans l'emploi des indigènes prédisposés ataviquement à ce genre de travail artistique. Ces derniers interprètent la décoration comme leurs ancêtres ; ils ont la patience dans la composition, le goût affiné de l'ornement, le sentiment de l'harmonie des nuances. Sous l'intelligente direction de M. Charles Langlois, des résultats surprenants ont été obtenus en évitant la copie servile.

Qu'il s'agisse de plats. de vases, de carreaux de revêtement, etc., tous les genres sont abordés et réussis avec un bonheur égal. Les pièces de grand style qui sortent de l'atelier du hameau Charles-Quint peuvent rivaliser avec les plus belles productions de l'ancien art arabe. Elles ont un caractère de race indéniable.

Voici donc une industrie destinée au plus brillant avenir, et c'est au maître céramiste Langlois que nous sommes redevables de cette véritable renaissance artistique.

.*.

La Céramique en Tunisie.

Depuis les temps les plus reculés, la poterie fut une des principales productions des pays de l'Afrique du Nord.

Les fouilles faites dans l'ancien territoire de Carthage ont fourni de nombreux spécimens d'objets usuels, de vases riches, d'urnes funéraires, de lampes, de statuettes et même de statues de grandes dimensions.

L'emploi de la céramique remonte à l'époque musulmane.

Aux neuvième, dixième et onzième siècles de l'ère chrétienne les princes Aghlabites et Fatimites firent décorer leurs palais et les édifices religieux de riches carreaux de faïence et se servirent, pour les usages domestiques, de vases artistement décorés.

L'arrivée des Maures d'Espagne en Tunisie, puis, plus tard, celle des Turcs, donna un grand essor à cette industrie.

La céramique fut florissante jusqu'à la fin du règne d'Hamouda Pacha, mort en 1790.

Les centres principaux de fabrication furent Tunis, Kairouan et Nabeul.

Des mosquées, de vieux palais arabes renferment encore de ces revêtements dont la richesse et l'effet décoratif font l'admiration des artistes ; malheureusement, ces faïences ont tenté les amateurs qui, grâce à la pénurie de certaines vieilles familles arabes, ont pu les acquérir et ont ainsi dépouillé bon nombre de jolies maisons et de riches monuments.

La vogue en est-telle, que de vérita-

bles spéculations se sont faites et ont rendu de plus en plus rares les beaux spécimens de la céramique arabe : Vases ou Carreaux.

Depuis un siècle cette industrie ne fit que décroître, mais le Gouvernement tunisien, soucieux de la rénovation des arts indigènes et de leur avenir, a étudié les moyens propres, à leur conserver toute leur valeur artistique et à leur rendre leur ancienne splendeur. On peut dire qu'aujourd'hui ce but est atteint.

En effet, en 1910, se crée à Nabeul, jolie petite cité de la Tunisie, une Société sous le nom de « El-Kalaline », ayant comme directeurs MM. Paul Bellenger, industriel français, et J. Chemla, précédemment propriétaire de la Poterie Africaine, place des Potiers, à Tunis. M. Chemla apporte dans cette œuvre les secrets que lui seul possède pour la fabrication des vieux émaux arabes et qu'il n'a obtenu qu'après de longues années d'études et de recherches.

Encouragés moralement par la commission de rénovation des arts indigènes, sous l'égide de laquelle fonctionne leur Société, MM. Bellenger et Chemla se mettent à l'œuvre et grâce à leurs efforts mutuels, on voit bientôt leur usine devenir de plus en plus prospère, à tel point qu'aujourd'hui 120 ouvriers, tous indigènes, y sont occupés ; l'installation, tout à fait moderne, fait l'admiration des nombreux touristes qui viennent la visiter et qui sont émerveillés à la vue de la salle d'exposition décorée de riches panneaux exécutés sur dessins tirés du Palais du Bardo.

La Société « El-Kalaline » a aujourd'hui des dépôts dans les principales villes de France, Algérie, Tunisie et Étranger, mais on ne saurait trop conseiller aux personnes ayant l'occasion de se rendre en Tunisie, la visite de cette usine importante dans laquelle on peut admirer des modèles anciens authentiques et leur reproduction exacte, véritables œuvres d'art laissant loin derrière elles l'article de bazar que l'on rencontre si souvent. Elles ont d'autant plus de valeur qu'elles ont été exécutées entièrement à la main ; quelques-unes sont signées par de véritables artistes et sont très recherchées des connaisseurs qui ne les laissent pas séjourner à l'atelier.

LES CHAUX & CIMENTS D'ALGÉRIE

Les fours à chaux, qui existaient jadis en assez grand nombre dans les différentes régions algériennes, ne produisaient que de la chaux grasse utilisable seulement pour les constructions ordinaires. Ce n'est qu'en 1883 qu'une usine importante fut créée aux environs de Bougie ; plus tard, d'autres se fondaient à Rivet, à Oran et dans la région de Bône.

Les chaux et ciments produits par ces usines supportent la comparaison avec les meilleures marques. Ils sont, d'ailleurs, admis dans les travaux des Ponts et Chaussées, construction de ponts, travaux maritimes, etc.

La fabrication des matériaux de construction en ciment comprimé a pris, en Algérie, un grand développement qui trouve son explication dans ce fait que la pierre de taille, en dehors de quelques contrées privilégiées, est plutôt rare ou tout au moins très coûteuse. Ce développement s'explique aussi par les avantages qu'offrent ces matériaux au point de vue décoratif et par leur bas prix de revient qui en permet l'emploi courant.

L'usage des parquets en bois étant inconnu dans la colonie, où toutes les maisons ont leur intérieur carrelé, à cause de la chaleur, la

VUE DE L'USINE DES CHAUX ET CIMENTS DE RIVET, PRÈS ALGER

Cette industrie du ciment s'est développée sur toute la surface du pays.

Parmi ces industries algériennes, l'usine Pavin de Lafarge, à Hussein-Dey, créée en 1870, est le type de l'installation industrielle de ce genre, aussi bien par l'importance de sa production que par les perfectionnements de son outillage mécanique et la diversité des matériaux qu'elle peut produire ; matériaux qui, s'ils intéressent les ingénieurs et les constructeurs en général, en tant que carrelages, tuyaux pour canalisations et ponceaux, pierre de taille en ciment extra-blanc, briques ordinaires et de couleurs, égouts,

moëllons artificiels, balustrades, etc., etc., n'intéressent pas moins les propriétaires urbains et les colons eux-mêmes, à qui elle offre des récipients de tous genres, citernes, silos à grains et à huile, mangeoires, abreuvoirs, auges, baignoires, etc., etc., en ciment armé.

Près d'Alger, à Rivet, existe une importante usine de ciments Portland artificiels produisant 40.000 tonnes par an et dont l'ad ministration est à Alger, 39, rue d'Isly. Nous donnons page 63 la vue générale de cette usine, installée avec les derniers perfectionnements modernes.

VUE PRISE A L'USINE PAVIN DE LAFARGE A HUSSEIN-DEY

NOS PRODUITS EN BELGIQUE

Comptoirs de Produits Algériens à Bruxelles, Anvers et Gand

Directeur : A. CASSIERS, 1, Rue du Vieux Marché au Lin, GAND

M. CASSIERS se tient à la disposition de toute les personnes désireuses d'étendre leurs relations commerciales en Belgique
Il leur donnera à ce sujet les renseignements qui pourraient leur être utiles

TABLE DES MATIÈRES

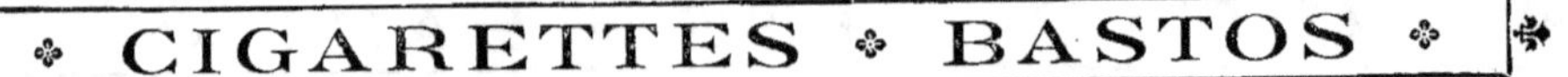

MANUFACTURES
DE TABACS CIGARES & CIGARETTES
·PARIS·
·PARIS·
TRADE MARK
MARQUE DEPOSÉE
1889·
·1900·
J·BASTOS
Fournisseur des Régies Française & Tunisienne
Marocaine & de la Régie Co-Intéressée des Tabacs de l'Empire Ethiopien
·ORAN·

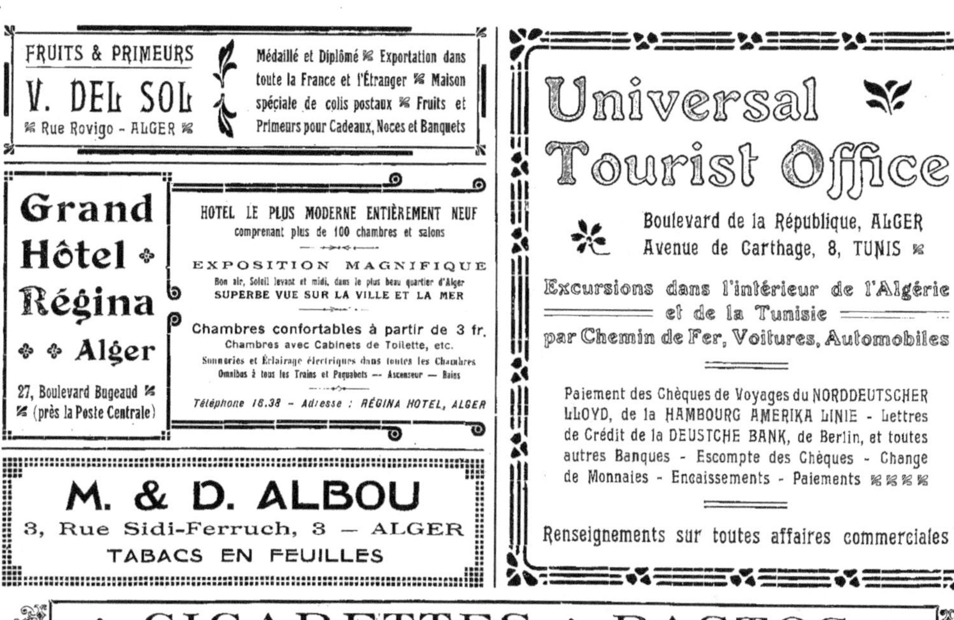

HÔTEL DES ÉTRANGERS
Place de la République (ALGER)
Émile COULOT propriét.
Maison de 1er ordre
situation centrale, unique, à proximité de:
BATEAUX, GARE, POSTE et des principales
curiosités de la ville
TENUE IRRÉPROCHABLE
ascenseur, électricité, Téléphone 2-67
omnibus à tous les trains et bateaux
SALONS, FUMOIRS, BAINS, DOUCHES, TERRASSE
INTERPRÈTES
VUE
SPLENDIDE
SUR LA MER

141

www.ingramcontent.com/pod-product-compliance
Lightning Source LLC
Chambersburg PA
CBHW061248060726
47596CB00002B/492